みんなの掃除・片づけ日記

すっきり暮らすためのリセット習慣

JN161776

SE
SHOEISHA

はじめに

忙しい毎日の中で、掃除や片付けはつい、後回しになってしまうことも多いもの。ホコリで死ぬ人はいないと言いますが、誰しもできればきれいな部屋で暮らしたいものです。

本書は、さまざまな暮らしの中で、整った部屋をキープしていることで人気のインスタグラマーさん、ブロガーさん17人による、掃除や片付けの写真日記です。

真似したくなる掃除道具や、美しすぎる収納について。朝ルーティンや夜ルーティン。今年の大掃除について。そして毎日の時間割も教えてもらいました。

小さな子どもがいたり、仕事があったり、と普通の生活の中でも、部屋をきちんと整えられる人たちの考え方、やり方はこんな感じなのか、と驚きがいっぱい。

そして素晴らしくきれいなおうちを保っている人でも、掃除をやりたくない日はある。そんな日記に共感できます。

気軽にパラパラめくっているうちに、なんだかお掃除がしたくなる。今日こそちょっと片付けてみようかなと、やる気のスイッチが入る本です。

Contents

みんなの掃除・片づけ日記

Contents

ayakoさん 01

ayako

忙しくても、自然に手が動く仕組み作りをしています。

以前は共働きだったので、朝・晩の短い時間の家事・掃除でそこそこキレイを維持できる仕組み作りをしてきました。今は小さな子どもがいますが、おかげで掃除・片付けに時間をとられず、日中は子どものことに集中できます。忙しいからこそ、できるだけ片付いたきれいな部屋にすることで、余計なことに時間を取られずに、気持ちよく暮らしたいと思っています。

家族構成
夫、自分、長男（0歳）

住まい
戸建て

▶ 掃除・片付けについて
毎日の掃除は、使うたびだったり、イベント（顔を洗う、お風呂に入るといったこと）と関連付けていたりと、自然に手が動くような仕組み作りをしています。／また、仕事や子育てと両立する中で、毎日完璧な掃除を求めるのは難しいので、自分の家での使い方と汚れ方を観察して、最小限の頻度を探っています。

Instagram
@at.mame.guri

「konokoto」
http://2016feb21.tumblr.com/

▶ 2015年 09月 01日

洗えるものは洗ってゴミ箱へ

フタ付きのゴミ箱はにおいがこもって、ゴミ捨ての日が憂鬱。なので食べ終えた納豆パックもヨーグルトパックも、洗えるものは洗って乾かしてから捨てています。ジュースの紙パック、ゴミ箱にいると本当に苦手。

2015年 09月 04日

におわないゴミ箱

野菜くずは庭のコンポストで土に還すのが一番だけど、止むを得ず捨てる場合はゴミの日まで冷凍庫へ。1回ごとに袋にまとめて冷凍しておけばにおわないし、野菜くずなら冷凍庫に入れても抵抗がないので。

でも、ゴミかごに入った米粒とかをつまんだ除菌シートは、一緒に冷凍庫に入れる気がしない。そこで、そういう湿ったゴミはシンクの上のゴミ箱（野田琺瑯の容器）へ。こんなふうに気をつけていれば、メインのゴミ箱は基本プラスチックや紙なので、におうことはありません！

2015年 09月 08日

とにかく吊るす

ヌルヌルが怖いので水回りはできる限り吊るします。IKEAのステンレス棚は、使い途中のふきんを干したり、スプレー類やスポンジ・ブラシも吊るして乾かすのに便利。定期的にアルコールも使って除菌します。

またシンクのゴミかごにはフタをしていません。フタをするとジメッとしそうだし、フタ自体を洗う必要があるし、隠すと掃除の頻度が下がってしまうから。毎回きれいにしていれば、たまるのはゴミというより食材のカケラでしかない。

2015年 09月 19日

ひとつのケースには1種類だけを入れる

シルバーウィークの連休中に、夏ものから冬ものへ入れ替える予定。下着類は浴室・脱衣室に隣接する洗面室にあります。無印良品のポリプロピレンのシリーズを使っていて、ケースごと夏物をしまい、冬ものを出します。ケースは軽いし丸洗いできて衛生的。

そしてひとつのケースには1種類だけを入れています。種類を混ぜないことで、どんなに忙しくてもきちんとした収納を維持できます。

1

2

2015年 10月 07日

玄関の掃除

意外と汚れる玄関。ここの掃除はなかなか毎日の習慣にならなかったのですが、お気に入りのほうきを手に入れてからは毎日掃除できています。

朝、玄関を換気しながら掃除して、家の周りを歩き、花を摘んで戻ると、なんだかいい日になる気がします。外気を吸って、しゃきっとした気分でそのまま朝の家事をしてしまいます。一連の流れにして習慣にすると、自然に動けて楽々です。

重曹と漂白剤は小分けにする

重曹と漂白剤は、調味料用のステンレス容器に小分けして、台所に置いてあります。見た目もよく清潔感があるし、重曹をパラパラと振りかけるのにも便利。煮洗いに使うときはフタを外してざざっと使うこともできます。重曹はザルの目のすき間まで洗いたいときやちょっと焦がしたときの研磨剤に、漂白剤は主に煮洗い用に使っています。量が少なめなので、定期的に中身が入れ替わるので安心です。

ちなみに詰め替えるときはシンクや鍋の中で。こぼしてしまっても、シンクを洗ったり煮洗いに使ったりできます。

▶ *mini column*　毎日の時間割

04：30	起床、朝食
12時頃	昼食
日中	外出するタイミングで ルンバをセット。 寝かしつけで抱っこしながら、 ものを片付けたり、 ハンディの掃除機がけ
16：00頃	料理など台所仕事。 シンクの掃除とゴミカゴの ゴミ捨て（台所を使うたび）、 夕食
18：00	お風呂
20：00頃	寝かしつけ
22：00頃	就寝（夫は帰宅後、食器洗い、 台所をリセット、 私のやり残したことを）

子どもがいても、散らからない仕組み作りを心掛けています。

▶ 2015年 10月 21日

台所で漂白

ふきんやハンカチは定期的に、ステンレスの鍋に酸素系漂白剤と重曹を入れて、煮洗いしてリセットします。鍋の焦げも一緒にピカピカ。終わった漂白剤のお湯は、ボウルにあけていろいろつけます。ザルやゴミかご、ピーラーやおろし器、あとはフライパン用の柄つきタワシなど、その時々で気になるものを。それから瓶のラベルも、一緒につけておくとペロンと取れます。どれかひとつでもする用事ができたときが、煮洗いのタイミング。この1回でいろいろできるのがうれしいです。

▶ 2015年 10月 22日

洗濯する前に台所をきれいにする

朝はできるだけ早く洗濯機を回したいところですが、まずは朝食後の台所をきれいな状態にします。器を洗って水を切っている間に、コンロを拭き、朝食の用意で使った調味料などを片付け、器やその周辺を拭き、蛇口もざっと拭いて終わり。

洗濯機を早く回したい！　湿ったふきんはすぐ洗濯したい！　という勢いで、台所を片付けてしまいます。

2016年 02月 25日

物干しを増設

洗濯は脱衣所で部屋干しまで完結するようになっていますが、子がいるとまだ小さいのに洗濯物は一丁前の量が出るので、期間限定で南向きの部屋に物干し「荒畑の折畳み式物干し台」を置いています。

晴れたらこのまま外に出しますが、この時期は部屋が乾燥しているので部屋でもすぐ乾くし、加湿にもなるから部屋干しも悪くないです。

2016年 02月 29日

楽しみが目覚まし

働いていたときは自分の自由な時間が欲しくて、夜明け前に起きていろいろやっていました。洗濯を干したりご飯を用意して、そのまま仕事。いまは集中して家事をする時間が欲しくて、やっぱり夜明け前に起きてやっています。（子は夫と寝室で夢の中……）。

暗いうちはまだ1日が始まる前の感じがして得した気分になるし、何をしても自由な時間に感じます。夜が明けるまでっていうリミットもあって集中してものごとに取り組めます。まだ暗い部屋で、小さな音でラジオを聞くのが楽しみです。早起きしていい時間が過ごせれば、1日が気持ちよくスタートできます。

2016年 03月 08日

ホコリの出ない部屋づくり

ホコリの原因は衣服や寝具、カーテンやカバーといったファブリックなど。それで、衣服や寝具は家の中で場所を限定し、カーテンは極力使わない、居間にはこれらを置かないように部屋づくりをしたところ、今の家は前ほどホコリに遭遇しませんでした。

現在は一時的に、居間にベッド・ブランケット・毛布・クッションが置いてあって、今までに比べてホコリの出る早さが早いので、今までの方針はなかなか効果があったんだと、実感中です。居間のホコリ取りとルンバの頻度を上げて対応しています。

2016年 03月 27日

忙しいからこそ

忙しいからこそ、部屋は片付けておきたいものです。散らかっていると、頭の中まで散らかって、余計なことに気を取られて時間がかかったり。部屋も頭の中もすっきり片付けて、やるべきことをさくさくこなしたい。

そして忙しいからこそ、こまめに片付ける。仕事でよく言われることだけど、家仕事も同じ。

2分といわなくても、短時間でできることはたくさんある。まとめてやろうとか、よく考えてからやろうとかより、さくさく片付けてしまったほうが効率がいい。後回しにした分、頭の中のメモリを食って作業スピードが落ちるのはもったいないと思うのです。

本の管理

本棚ってそのときのその人の頭の中を映していると思っているから、棚が淀んでいたり雑然としているときは、仕事も暮らしもうまくいかない気がして、定期的にふたりでお互いの本棚をみて、これから何をしたいのか、この本はまだ必要、これはもういいんじゃない、と話しながら整理します。

学生時代は本を山積みにしていた夫ですが、今はこれだけ。今集中したいことに関わる本を、キャパを超えない分量だけ持つ。先に必要になりそうな本はそのときに手に入れればいい。余白も残して、見直し終わり。テーブルの上の本は、今回処分することになった分です。

mini column 「楽してそこそこきれい」が我が家流

朝ルーティン

起きたら、寝具を片付けて干す。洗顔後は顔を拭いたタオルで鏡と洗面台周りの水はねを拭く。朝食後は、台所を片付け、水栓なども拭いてから洗濯をして干す。

夜ルーティン

お風呂の前にトイレと洗面台の掃除。お風呂で床と排水口をこする、お湯を抜いてボディタオルで浴槽を洗う。お風呂から上がったら、洗濯機を回す。寝かしつけ後、洗濯物干し、部屋のリセット。

念入り掃除について

シーリングファン、換気扇、オーブンのリセット、シンクのリセット、などを年に数回夏と冬、年に2回、リセット掃除をします。「衛生を保つための日々の掃除」と「ピカピカを維持するためのリセット」を組み合わせています。「楽してそこそこきれい」が我が家流です。

2016年 05月 24日

ものを飾らない

ものを飾るのが苦手です。飾り棚に雑貨が置かれている様子は素敵だなぁと思うけど、私はまめではないので、気付いたらほこりをかぶってるなんてことになりかねないからです。

それで、うちには飾ることだけが目的のものはほとんどありません。それでも飾ってあるものは、水替えなどお世話の必要な植物や、子どもをあやすのに出番の多いぬいぐるみ、それから季節のものや期間が限られたもの。長い期間、置きっぱなしにならないものならきれいに維持できます。

2016年 06月 04日

敷きっぱなしにしない

床に敷物を敷くのが少し苦手です。重いものは洗う頻度も下がるし、敷きっぱなしになると掃除機をかけてもきれいにしきれない、下の湿気も気になります。それに、敷かないのに比べて、急に床にものを置く敷居が下がって、おもちゃに本にカメラ……床にモノがころがります。

それで、敷物も1日に一度は片付けます。軽い敷物なら1分もかからず片付けられるし、上に置きっぱなしになったものも片付きます。そのタイミングで、洗う場合は新しいモノと交換。敷く前に床に掃除機をかければスッキリ。きれいに維持できればば安心してゴロゴロできます。床だと遊びモードにスイッチが入り、子もごきげんです。

2016年 06月 28日

ブラインドの掃除

意外と面倒なブラインドの掃除。一度にきれいにすれば気持ちいいけれど、大きいブラインドの掃除は結構時間がかかるのでおっくうになります。

それで、ブラインド掃除は1回に5枚くらいだけ。ちょっと使ってまだ使えそうな除菌シートがあるときに拭いています。外の景色を眺めながら、4、5枚拭いたらおしまい。

初めてブラインドをつけたとき、専用のかっこいいブラシが欲しくなったけど、掃除道具が増えると掃除道具自体のお手入れが増えるのでがまん。専用の掃除道具はあまり持たないようにしています。

2016年 08月 18日

ホコリのかぶったものはいらないもの

うっすらでもホコリのかぶったものは、うちではいらないね、と処分の対象になります。頻繁に手に取るものはホコリをかぶらないので、ホコリがついているということはしばらく使っていないということ。使わないもののホコリを掃除するくらいなら、持たないほうが楽。

昔は、ちょっといいなと思って買ったけどあまり飲まないお茶の缶とか、ディスプレイと化してはうっすらホコリをかぶってしまっていたけど、今はそういうのはすぐに処分してしまうし、そもそも買わなくなりました。ものが常に動いて淀みのない棚がいいなと思います。

makiさん 02

maki

新築のきれいさを保ちたくて、毎日お掃除を頑張っています。

兵庫県在住、31歳主婦。結婚したと同時にマイホームを手に入れ、新築のきれいさをずっと保ちたい！と思い、気付いたら毎日掃除をしてました（笑）。また、新婚当初は、食器やインテリア雑貨を買うのが嬉しくて、たくさん買い物をしましたが、次第に物の多さにもウンザリし、収納したり管理したりするのが無駄な時間と感じるようになりました。もっともっと、必要な物だけで暮らしたい、無駄な時間をなくしたいと思い、シンプルライフに目覚めました。

家族構成
夫、私

住まい
戸建て、築2年、4SLDK

掃除・片付けについて

掃除する場所をいつしなければならない！等と決まり事にしない。決めるとできなかったときストレスになってしまうので、気になったとき、時間に余裕があるとき、などと気分で楽しんでするようにしています。頑張ったら頑張った分だけ、お家がきれいになり主人も褒めてくれます。ありがとうと言ってもらえるだけでまた頑張ろうと思えます。

Instagram
@_________7hm7_____

2015年 11月 30日

外せるところは外してお掃除

今日は大掃除を兼ねて、外せるところは全部外して、磨きます。仕上げに防カビくん煙剤。月1回は防カビくん煙を実施しています。お風呂の床は週2、3回はお風呂用洗剤を使って、ブラシでゴシゴシ。排水トラップもしっかり洗っています。

2015年 12月 11日

洗濯機の裏は月一で掃除機をかける

汚れがたまりがちな洗濯機の裏側。最低月1、多ければ週1に洗濯機を動かして、掃除機をかけています。真横が洗面台なので、ほこりだけでなく、髪の毛も結構落ちてたりします……。マメなお掃除が大掃除を楽にする！

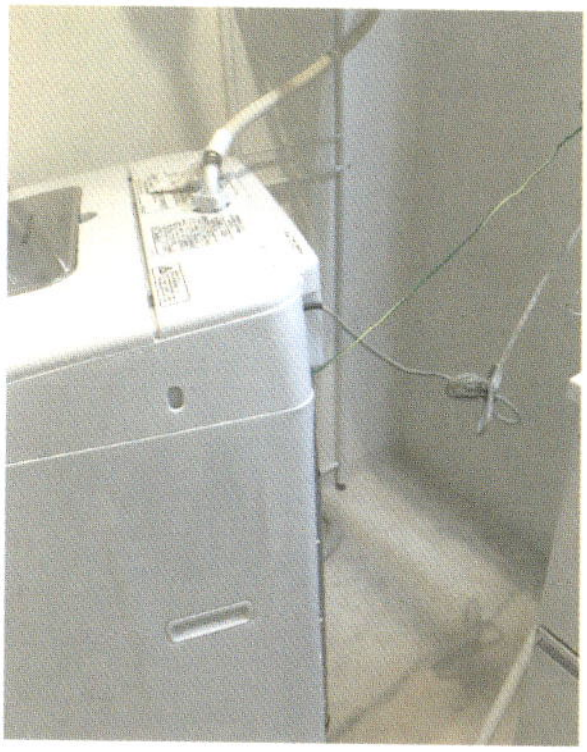

2015年 12月 15日

レンジフードは月一できれいに

レンジフードは右下にチラリと見えているカバーを付けているため、シロッコファンには全く油汚れなし！　月一で、主人にフィルターを取り替えてもらうので、そのタイミングでいつも掃除してもらってます。アフターはこんなふうに、ピカピカになりました。主人よ、ありがとう♥

1

2

2015年 12月 17日

ＩＨクッキングヒーター排気口のお掃除

キッチンをリセットしてから、ＩＨクッキングヒーターの排気口をお掃除。「マツイ棒」（松居一代さんが考案した割り箸に布やティッシュを取り付けたお掃除グッズ）を自作。コストコで購入したキッチンペーパーに、アルコールスプレーの「ドーバーパストリーゼ77」をかけてから、ガシガシと。グリルの奥まできれいにしました。

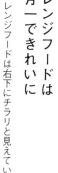

2015年 12月 20日

炊飯器を磨きました

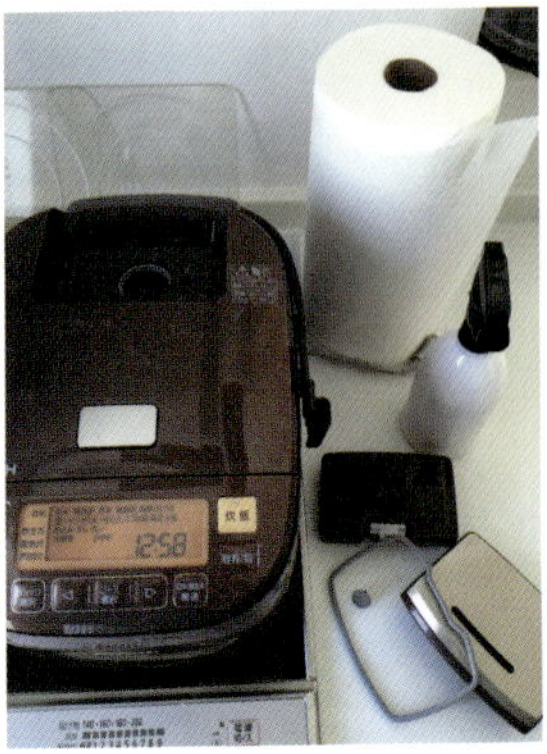

少し久々に炊飯器を磨きました！　仕事し始めると、なかなか細かいところの掃除ができないなー。パストリーゼで除菌し、コストコのキッチンペーパーで拭き取り。このふたつは本当に手放せない、私の必須アイテム。毎日使うものは毎日拭かないとダメですよね。

2015年 12月 24日

冷蔵庫内を掃除しました

冷蔵庫の中。パンくずがすごかったけど丸洗いしたからスッキリ！　主人と私のお弁当作りも明日で終了なので、冷凍庫は当面ほぼ空っぽ状態が維持できそう！　徐々に冷凍していたものを使い切りました。これにて今年の大掃除は終了！（多分）あとは週末の天気だけど、玄関を「オキシクリーン」で洗って水で流せば、きれいなお家で年越せそう。さ、今からクリスマスイブの料理、頑張ります！

2015年 12月 24日

ブレーカーと換気扇

お手洗いにもある太陽光ブレーカーには、そこまでほこりはなかった！　でも、ついでにチラッと、左に見えている換気扇を見てみたら、先日戦ったばかりなのに、もうホコリが！

あとは脱衣場のブレーカー、太陽光ブレーカーもパストリーゼを含ませたシートで拭き拭き。あぁ、このあと、銀行にも行かなきゃだし、明日は最後の粗大ゴミだから断捨離もしなきゃ。夜のクリスマスパーティーの準備、できる気がしない……。

1週間ぶりのピカピカ

キッチンは大掃除ではなく、定期的に「小掃除」。週一で換えている食器用スポンジを捨てる前に、中性洗剤で丸洗い。水で流し、流せないところはコストコのキッチンペーパーで拭き取り、仕上げはやっぱりパストリーゼ。人工大理石トップも、写真では泡が見えないけど泡だらけです。今日から4日間、夫の実家でご飯をご馳走になるのでキッチンはピカピカのまま♪

mini column 毎日の時間割

06：30	起床、お弁当作り
07：00	朝ごはん作り、夫の見送り
08：00	洗濯、掃除
09：00	掃除
10：00	仕事
15：00	買い物
16：00	洗濯を取り込み、夕飯の下準備
17：00	フリータイム（インターネット、Instagram、ビデオ鑑賞）
19：00	夕飯の支度
20：00	夕飯
21：00	キッチンリセット
22：00	テレビ
23：00	就寝

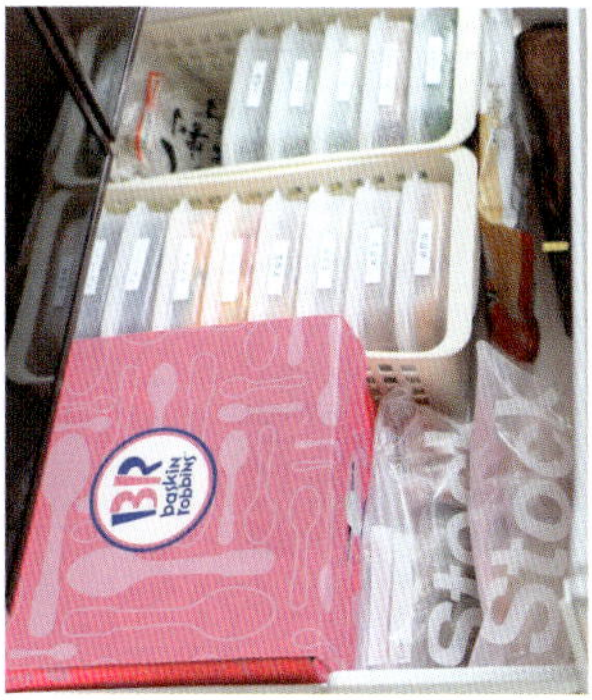

冷蔵庫収納。常備菜やお弁当のオカズは多めに作って冷凍。朝はおにぎり握ってオカズは詰めるだけ。

ドリンクボトルに乾物を収納

細々した物の乾物等の収納はなかなかコレというものがなかったんだけど、100円ショップの「キャンドゥ」で買ったこれは、かわいい上にサイズもちょうどいいー！　密閉性は気になるところなのですが、ふたり住まいだと食材もなかなか減らないのでこれくらいの小さな収納ボトルがちょうどいいです。サラダパスタや、マカロニ、ペンネなど。ふりかけを入れると、サッサッと出せてとっても便利ー！

粉ダニ対策で、冷蔵庫に入れました♪

mini column　今年はゆるく大掃除をする予定

朝ルーティン

朝、お弁当や朝ごはんを作るのでキッチンは必ず出勤前にリセット。掃除機を1時間ほど丁寧にかけ、晴れていたら布団を干します。朝は仕事もあるので、シンプルに。

夜ルーティン

夜ご飯後、キッチンリセット。お風呂から上がったら主人がお風呂を洗ってくれます。洗面台、脱衣室、洗面台は私がお掃除。

年末大掃除

窓レールと窓拭き。カーテンを洗う。家のすべての換気扇掃除。網戸掃除。2年になり外壁も気になってきたので、今年は外構掃除も頑張ります！

家の中は月に一度くらい、少しずつ大掃除でやっていることを進めていたので、今年はゆるく大掃除をする予定です。汚れはためない！がモットーです。

まだ少し不要な物もあるので、少しずつ断捨離をし、シンプルに暮らしたいです。

2016年 05月 27日

オキシクリーンの食洗機洗剤

オキシクリーンの聖地・グアム旅行に行ってきました（笑）。シビレタところといえば（笑）、スーパー「Kmart」！　絶対に洗剤コーナーに行こう！と楽しみにしていて、オキシクリーンだけでも30種類くらいはずらりと並んでたよ。でも使い方がよくわからないものも多いので試しに食洗機洗剤だけ買ってみた。グラスがクリアになりました！　もっと買えばよかった。

2016年 05月 27日

ホコリがたまりやすい場所

浴室、脱衣室との境目の、ほこりがたまりやすいパッキン部分をお風呂掃除後に拭き掃除。私はきれい好きではありますが、基本的にはズボラな性格なので気になったときにする感じです。仕上げはパストリーゼで除菌しました。今日は徹底的にやっつけたからホコリがなくなってはいるけど、脱衣室って、本当にホコリがたまりやすい……。やってもやってもエンドレスループ過ぎ！

2016年 05月 27日

月に数回、ベッド下をお掃除

月に何回かベッドの下をお掃除しています。マットレスを干したついでにスノコを上げて、扇風機をかけて湿気取り。マットレスは薄型を使っているのでベランダに干せます。

スノコのカビ予防にも次亜塩素ナトリウムがいいってことで。薬局に行って買おうとしたが、「ハイター」でも同じですよっと。なのでハイターで代用。ハイターを薄め、刷毛でスノコ部分を、主人に塗ってもらいました！

2016年 06月 03日

朝のキッチンをリセット

昨日はキッチンを丸洗いしたので、今日は軽く拭くだけ。キッチン丸洗い、だいたい週一で。できないときは、2週に1度くらいやっています。私はぞうきんの管理が苦手で、台拭きや拭き掃除等は使い捨てでペーパータオルを使っています。キッチンマットも敷くのが当たり前と思って住み始めは置いてたけど、洗濯が面倒で。私には料理後に床をクイックルワイパーするほうが向いてました。ピカピカ、気持ちいい♪

2016年 06月 10日

冷蔵庫の野菜室収納

野菜室のものを全部出してパストリーゼで除菌しました。野菜がきれいに見えるのでケースはブラックで。野菜が空になったタイミングでケースを丸洗いして、その後除菌してるので常に清潔が保ててるかな？

いちごは野田琺瑯《ほうろう》の容器にパストリーゼをシュッとしてから保存しています。炭酸も野菜室にあります。夫がコーラ大好き人間なので欠かせないんです。

2016年 06月 22日

グリルのお掃除

Instagramのお友達がグリルのお掃除をしてたので、私もセスキ炭酸ソーダ溶液をたっぷりティッシュにかけて、「セスキパック」しました。毎回使うたびに手を突っ込んでひたすらパストリーゼで拭き掃除してますが……グリルの中も丸洗いしたいくらい！

セスキ溶液を作ったので、ついでに食洗機や引き出しの取っ手、グリルの外せる排気口部分等も拭き掃除しました。ちなみに、グリルを使うとき、網の下に水を入れると思いますが、このとき片栗粉を混ぜておくと、あとでツルンッと洗い流せて楽チンですよ♪

2016年 07月 11日

隅々までお掃除!

今日は出勤前に、家中隅々までここぞとばかりにお掃除。ほこりはひとつもないやろ!ってくらいに掃除機がけ。冷蔵庫、洗面台の鏡の上。浴室扉のパッキン部分と、洗濯機裏も! パストリーゼで除菌しながら、拭き掃除。1時間以上掃除機かけてたのでタオルが汗でびっしょり! そしてルイボスティーがぶ飲み!

2016年 07月 21日

幅木のほこりが気になる

掃除機をかけながら、寝室の幅木《はばき》のほこりが気になって仕方なくなってしまったので、家中の家具全部どかして、幅木やコンセント部分のほこりを徹底的にやっつけてきました! ルンバではさすがに幅木のほこりまでは吸えないので。幅木ってなんて主婦泣かせー!

2016年 07月 22日

シンクをピカピカに磨きました

朝リセットして、ステンレスシンクは、自然派クレンザーの「ハイホーム」でピカピカに磨きました! ハイホームは水はけも良くなるので、拭き上げもめっちゃ楽チンですよん。もうすぐ我が家も2年目になりますが、毎日朝晩のリセットとハイホームのおかげでなんとかピカピカが保ててるかなーと思います。

2016年 07月 27日

休みの日には掃除機とセスキ

休みの日には掃除機をかけて、セスキ炭酸ソーダのボトルを片手に、クイックルワイパーでひたすら拭き掃除をしています。セスキは油汚れや皮脂汚れに最適！　私はスリッパ派なのですが、主人は何度言っても裸足。軽く拭き掃除するだけでも、床に窓が映り込み、鏡のようになる♪　この風景を眺めるのがスキ♥　セスキスプレーは、1度に使い切れる量を作るのですが、100mℓに小さじ1くらいでやっています。ドアノブの手垢や鏡面仕上げの指紋、あと油汚れに強いので私は洗濯機を回す時にも入れています。

2016年 07月 27日

週末のお決まり。製氷機のお掃除

週末のお決まり、製氷機のお掃除。私は氷を全く使わないんですけど、夫が毎日使うのです。製氷機の内部はカビが出やすいといわれているので。しっかり掃除したあと、よく洗い、乾かしてから、満タンの氷を作って、それをまた1度捨てています。

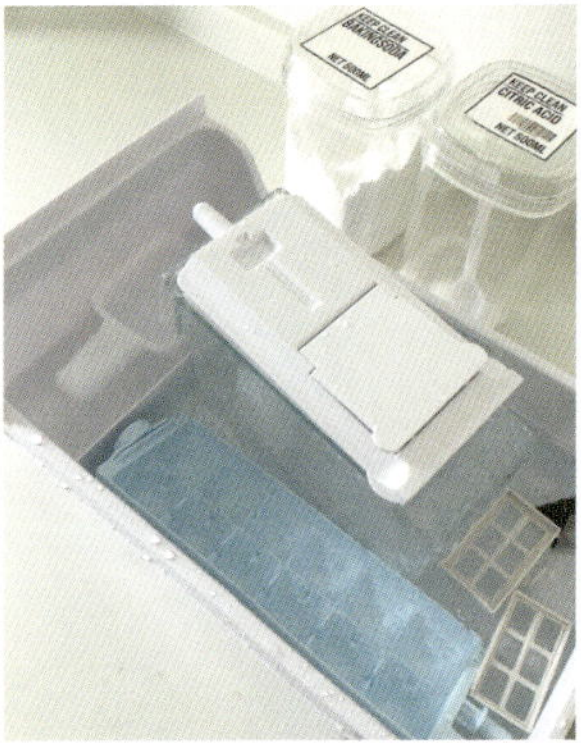

2016年 07月 29日

重曹で黒コゲ取り

鍋を少し焦げ付かせてしまったので、重曹を入れてグツグツ……。黒い焦げが浮いてるの、わかりますかね？　鉄鍋のストウブやル・クルーゼの中を焦げ付かせてしまったときは、半分くらい水を入れて、そこに重曹を小さじ2ほど入れ、そのままグツグツすると焦げもツルンと取れますよ。あとは普通に流して軽く洗います。焦げを取ろうとあまりこすりすぎるとお鍋も傷むし、重曹を入れて火にかけるだけなので楽チンにツルツルがキープできますよん♪

2016年 08月 11日

キャスター付きで便利な押し入れ収納

階段下のため収納泣かせの場所……4つ並べられないので仕方なくフリースペースあり。上の段はすべてIKEAのものです。湿気が気になるのですのこ。引き出しには主人の仕事着など。上のBOXはストック品や編み物グッズ、写真アルバム。下には押し入れ収納「山善（YAMAZEN）キャスター付　押し入れ収納ラック」。これ、ホントいい！　こんなの探してた！　押し入れって奥行きがあって使いづらかったけどこれのおかげで解消。キャスター付きなので手前に引き出せるし無駄なスペースがなくて最高！

2016年 08月 25日

ケルヒャーでお掃除が楽しい♪

我が家にも「ケルヒャー」（家庭用高圧洗浄機）がやってきました。Chromecast（テレビ画面でネットが見られるデバイス）で、YouTubeを爆音でかけながらお掃除。ケルヒャー様、スチーム力が高すぎ。かなりの高温なのでバクテリア99・99％除菌するらしい。洗剤いらずで除菌できるしお掃除がますます楽しくなってます。

ケルヒャー後の玄関たたき。掃き掃除して、スチームクリーナーしただけです。気分もスッキリしました。

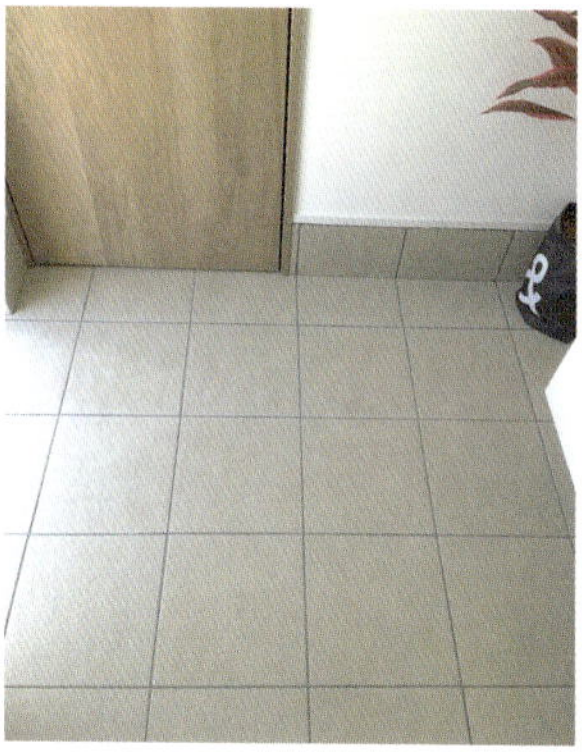

2016年 09月 14日

炭酸水をローリングストック

カップボードの断捨離をして、食洗機下に入れていた保存容器を移動したので食洗機下が空っぽになりました。楽天で購入した炭酸水が2ケース届いたのでシンク下と食洗機下に。炭酸水は普段から飲むのでローリングストック（定期的に消費しながら、買い足していく備蓄方法）で常に備蓄。炭酸水隣は「ファボーレヌーヴォボックス」。中身はツナ缶や韓国海苔や缶詰めです。奥の食洗機下はニトリのBOXふたつがピッタリです。

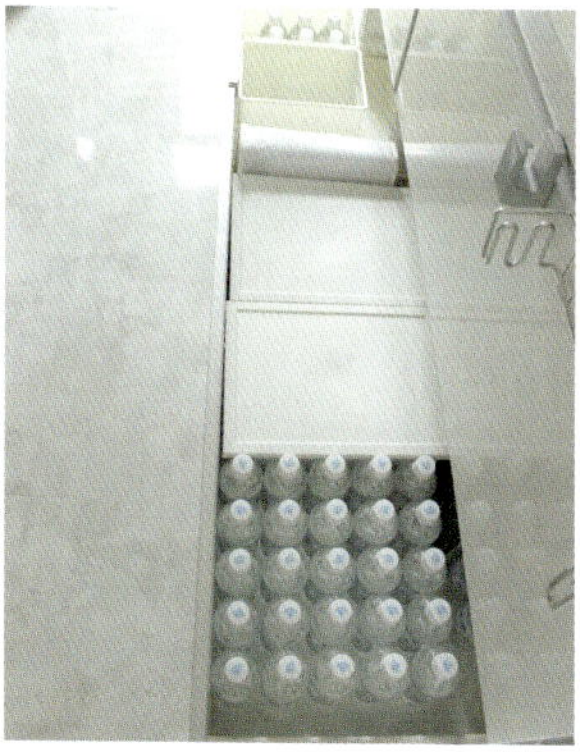

nikaさん 03

nika

シンプル家事で、家族の時間を大切にしたいです。

シンプルなお家で丁寧に暮らしたい。結婚して自分の物だけではなく家族の物も管理するようになってから、シンプルに暮らしたいと強く思うように。物選びに関してもシンプルで長く付き合えるものを。家事も「毎日のちょっとした準備」でためないことを習慣に。そうしたことの積み重ねで、家族との時間をゆっくりと過ごすことができる。それが何より大切だと思っています。

家族構成
夫30代前半、自分30代前半、娘3歳

住まい
一軒家(築1年)

掃除・片付けについて
掃除も片付けも毎日の習慣にして、ためないこと。新しいものが増えた場合は必ず、帰る「居場所」を作ってあげること(どこにどのようにしまうかしっかりと決める)。そうすることで、定位置にしっかり片付くと思っています。

Instagram
@nika.home

2015年 12月 08日

三角コーナーは置かない

わが家には三角コーナー的なものはありません。生ゴミは、100円ショップで購入したこの容器にビニール袋を付けて使っています。野菜の皮などは直接ここに入れ、水切りが必要なものはシンクに付いている網のところに入れています。1日の終わりに、シンクの網にたまった生ゴミは新聞紙に包んで、この容器のゴミとまとめています。新聞紙に包むことで、水分を吸収してくれ、においも防いでくれます。最後に、パントリー内の生ゴミ用のゴミ箱にポイしておしまい。生ゴミ処理が終わったら、この容器に酸素系漂白剤を入れてふきんとふたをつけ置きしています。

2016年 01月 16日

心を満たす

私の育った環境は、好き嫌いはしないで食べなさい、早く寝なさい、本当に必要な物だけを買いなさいと言われました。夫の育った環境は、好きな物を沢山食べなさい、朝もゆっくり寝てなさい、他に欲しい物はない？と聞かれていたはずです。私は大人になって好き嫌いはあるし、朝が苦手だし、欲しい物も沢山。夫は好き嫌いはないし、早起きも得意だし、欲しい物も何にもない。私と夫は真逆。心が満たされている夫はいつだって優しく、そんな風に娘にも育って欲しいと思います。好き嫌いはだめ！　もう寝る時間！　娘の為と思って言ってきた事は本当は自分が言われてきた事。心を満たす、私にとってはすごく難しい。どうしても正しい事を言ってしまうんです。朝起きたら、3時半に起きて仕事に行った夫からの手紙。「今日も寒いね、毎日お世話ありがとう。おかげで家がまわっているよ。それにご飯も美味しいね。ゆっくりのんびり過ごしてね。」心を満たす、夫にとっては簡単な事で私にとっては難しい事。

2016年 03月 01日

冷蔵庫のお掃除

1週間分まとめ買いをするので、買い物前はこの通り空っぽに。この状態になったら、お掃除のタイミングです。週に一度、冷蔵庫の食材がほとんどなくなったときにしています。パストリーゼをシューッとしてキッチンペーパーで拭き取り、終わったらそのままポイ！　週に1度していても、結構汚れが取れます。汚れをためてよし！　やろう！と意気込むよりも、やるタイミングを決めて習慣化するほうが、お掃除は楽です。気をつけていても、気付かないうちに汁がこぼれていたりするので、常に清潔に心掛けています。

2016年 03月 04日

娘の普段使っている服

きれいなクローゼットを維持するために、すべてを把握できる見える収納にすることを意識しています。どこに何があるか把握ができないと、使うことがなくなるからです。

「掛ける」「畳む」「くるっと丸める」の収納を使い分けて、本当に必要なものを必要な分だけ所有します。

大人の服は主に掛ける収納。畳む手間が省け、時短になるというメリットを優先しているからです。オフシーズンの服や、頻繁に使わない服、子ども服は畳んで収納しています。

2016年 05月 11日

じけんです

食べこぼしがまだまだある娘。多少こぼされても、後でマキタの掃除機でゴー。ウエスで汚れたところだけフキフキ、ポイッ！ だからこぼされても、まっいいや！ 食べ終わったらきれいにしよう、と思っています。

だけど今日はこぼされたのが、いっぱいに入っている牛乳！ テーブル、椅子、床、娘の服、私の服、スリッパがびしょびしょ。さすがにぎゃ〜〜となりました。タオルを取りに行くと牛乳の足跡が……。

この状況を見た娘、「おかあしゃんぎゅ〜にゅ〜こぼしてごめんなさい」と素直に謝ってくれたので、よしにしました。んっ、でもやっぱりまだ牛乳くさい。

パントリー見直し中

ただいま、パントリー見直し中です。愛用しているマキタコードレス掃除機！ パントリーに置いています。マキタの掃除機が我が家に来てからは掃除機をかけるというハードルが一気に下がり、子どもの食べこぼし、洗面室の髪の毛、階段など気になったときにパントリーからさっと出して使っています。コード式掃除機は廊下の収納に入れていますが、掃除道具はまとめるより使う場所、使いやすい場所を意識して置いています。わざわざ取りにいくとなるとわたしには掃除のハードルが上がります。

マキタの充電もパントリーの中で。パントリーに炊飯器やレンジを置いているために、コンセントがあります。

mini column　毎日の時間割

06:00	起床、朝家事、身支度
07:00	朝食準備、朝食
08:00	片付け、子ども身支度
09:00	外出（公園や保育園など）
12:00	帰宅、昼食準備、食事
13:00	片付け、娘にお昼寝をさせる
14:00	洗濯片付けなど
15:00	娘おやつ、お散歩
17:00	帰宅、お風呂
18:00	夕食の支度、夜ご飯
19:00	片付け、夫が帰宅後ご飯の支度、夜家事
20:00	歯磨きなど子どもの支度、遊び
21:00	寝かしつけ
21:30	ひとり時間
23:00	就寝

娘が最近お米とぎのお手伝いをしてくれます。

2016年 05月 14日

愛用のマキタの掃除機

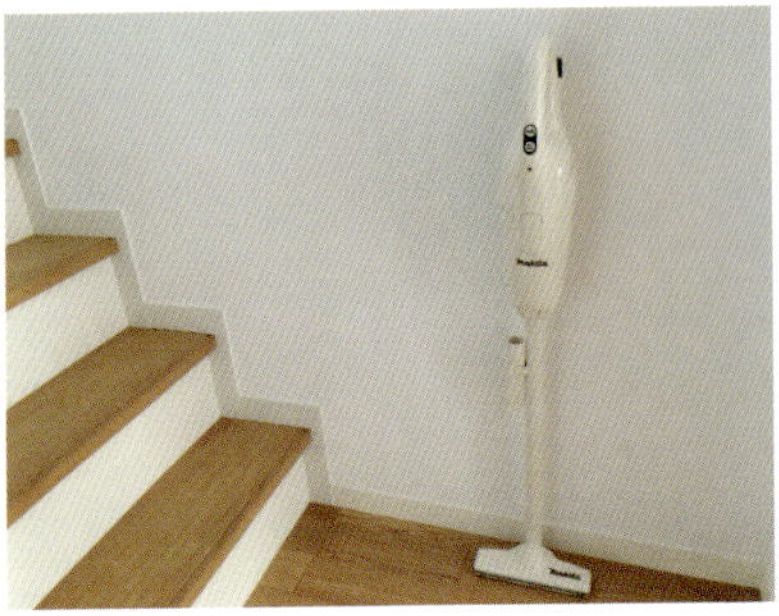

シンプルなデザイン、コンパクトで軽いのが魅力的。型はCL102D10・8V。紙パック式。12，000円ほどで購入したと思います。最初使ったときはパワーが弱いなぁと思いましたが、フローリングや畳をかける分には問題ありません。カーペットだと物足りないかなぁと。

マキタはヘッドが小さめなので、普通サイズの掃除機に比べると家中をお掃除するには少し大変さを感じます。

なので我が家はコード式掃除機で週に1、2回しっかり家中をお掃除。

マキタで毎日、ホコリや髪の毛が気になる場所、ルンバが通らない箇所をお掃除、が主な使い方です。

マキタが来てからは毎日苦にならずにさっとお掃除することができるようになりました。本当に買ってよかった！と思えるほど、愛用しています。

2016年 05月 23日

おもちゃには帰る場所があるから

よく、お子さんいるのにおうちがきれいですね！と声を掛けていただきます。

でも実際はそんなことなくて、娘が遊んでいるときはおもちゃがずらぁ〜り。

これは序の口。これからまだまだ散らかしてくれます。でもどんなに散らかしても、お片付けは5分もあれば終わります。きちんと帰る場所があるおもちゃたちは簡単に片付きます。だから散らかされても大丈夫！と思うようにしています。それに最近、お片付けを少し楽しんでしてくれるようになってきました。

わたしが手伝うとひとりでできるよ〜おかあさんやめてよ〜と言ってくることも。わたしはうずうずしながら、ぐっと我慢して見守ることも多くなりました。とても嬉しい変化です。

2016年 06月 02日

お風呂の水垢対策

今日は2カ月に1度の防カビくん煙剤！　エプロンの蓋も外して。

夜家事の中にお風呂の鏡をタオルで乾拭きする仕事を入れています。毎日ちゃんと拭いていても、やっぱりつく水垢。クエン酸を使ってもなかなか落ちなくて……。

ＮＨＫ『あさイチ』でやっていた耐水ペーパー（防水の紙やすり）、2000番を使って試しに磨いてみました。結果はピカピカつるん！とはいかないものの少し取れました。鏡が傷つかないか心配なので、あまりガシガシできないせいかも……。でもそんな様子を見かねてか、夫もお風呂上がりに鏡の乾拭きをしてくれるようになってくれてありがたい。

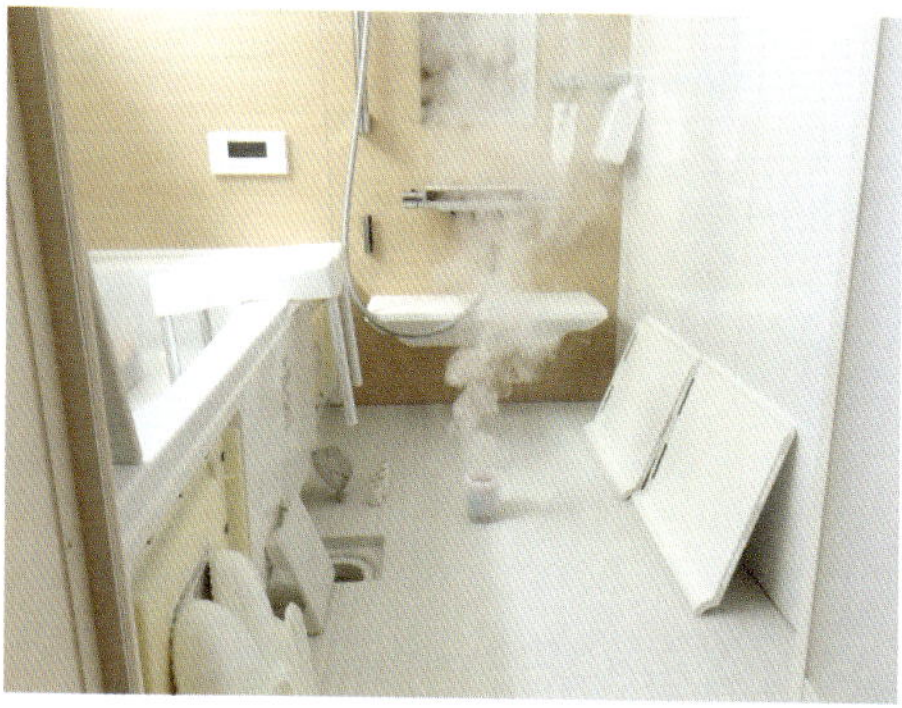

2016年 06月 04日

便利な柄付きスポンジ

無印良品の柄付きスポンジ。洗いにくいケトルの中や、今の時期だと水筒を洗うのに毎日のように使っています。

挟んであるスポンジが取れるのが嬉しいポイント！

今は専用のスポンジを使っていますが、ダメになったら食器用スポンジを柄に付けて兼用で使いたいと思っています。スポンジラックでしっかり乾かしたら、シンク下に収納。

2016年 06月 22日

ステンレス製ピンチハンガー

このピンチハンガーは、本体やピンチもオールステンレスなので丈夫だし、日射でも劣化しにくく長く愛用できそうなところも嬉しいんです。

外側にバーが付いていて、小物やフェイスタオルなどが掛けられるようになっています。我が家は外干しするので、これがあると目隠しにも使えてとっても便利なんです。

それにこのピンチ、挟んだところがあまり跡にならないのもいい！（以前使っていたプラスチック製のものは、思いっきりギザギザ跡が付いてしまい残念だなぁといつも思っていました）

消耗品以外のものは長く使えるお気に入りのもので、揃えていきたいです。これはベルメゾンデイズのものです。

2016年 06月 25日

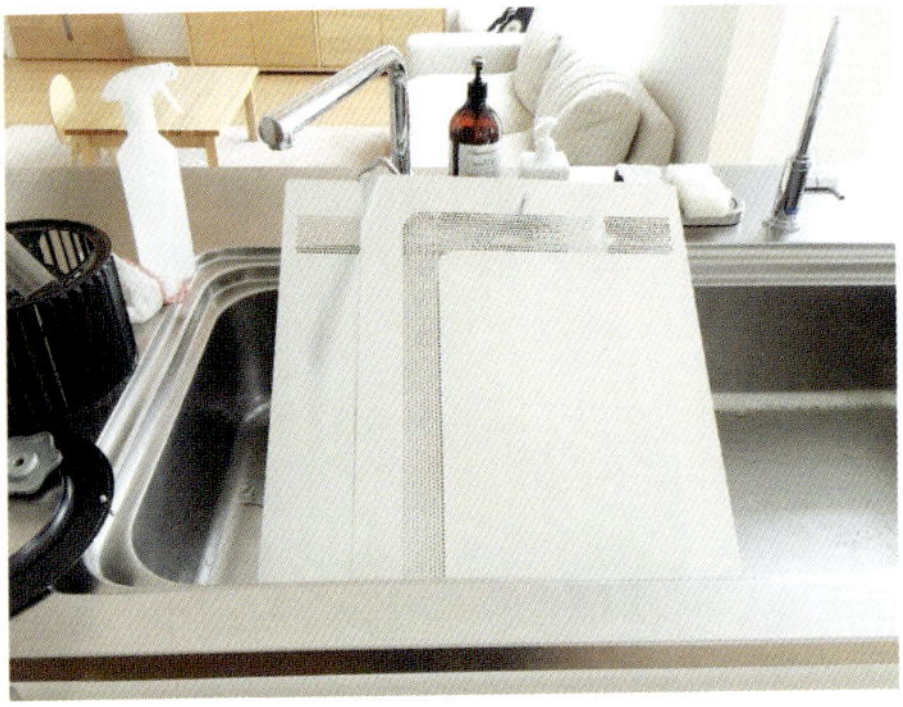

換気扇のお掃除

今日は朝からお掃除！　掃除機かけて、お風呂お掃除して、トイレお掃除して、ずっとやりたかった、換気扇のお掃除！

セスキ炭酸ソーダでファンをスプレーしてしばらく置いたら、べたべた汚れがきれいになりました。あぁ！　スッキリ！

何か解決しなきゃいけない問題があるとき、決まって、無性にお掃除したくなるんです。テスト勉強のときにお部屋のお掃除が始まってしまうように。おかげで家中、きれいになりました。そしたら少し落ち着いて。

夕方からは草取りして種まいたらざぁーっと雨が降り出して。まいた種が喜んでるかなって。またひとつ楽しみができたなぁって夫と話して。あっという間に1日がおしまい。さぁそろそろ問題と向き合います。

キッチンのお手入れ

ふだん、主に、食洗機を使っていますが、食器が少ないときは手洗いをしています。嬉しいことにきれいですね！とお声掛けをいただくキッチン。お手入れは1日の終わりの夜家事でさっと乾拭きをしています。水切りも同じく乾拭きを。そうすることで、特別な手入れをしなくても水垢が付きにくく、簡単にキレイを保つことができます。油汚れがひどいときだけ、IH周りはセスキ炭酸ソーダを使っています。

お庭のひまわりがぐんぐん成長中！　まだかなぁ、まだかなぁと娘と眺めていたつぼみが、今朝、ひらいていました！

花が咲く前から種が取れたらあげるねっと約束している人がいるんです。

mini column　朝起きたときにきれいな状態にしています

朝ルーティン

掃除機、キッチンやダイニング（汚れやすい場所）の床拭き、トイレ掃除、洗濯、食洗機の食器の片付け、花やグリーンの水やり、水替え。

夜ルーティン

キッチンの掃除（乾拭きまで）、洗面台の掃除、お風呂掃除、リビングのリセット（クッションや娘のおもちゃなど、朝起きたときにきれいな状態にしています）。

年末掃除&月一掃除

ためないということを意識しているので、年末の大掃除として決めていることは特にありません。ただ、やっぱりきれいな状態で新年を迎えたいので日々のお掃除を少し念入りにします。私が手の届かない外の窓拭きは大掃除という名目で主人にお願いをしています。

シンプルな食器ばかりですが、毎日のようにメインで使っているのはイッタラティーマのお皿とボウルです。

2016年 07月 19日

お風呂の天井掃除

毎月恒例の防カビくん煙剤。梅雨の時期は特にカビが生えやすいので、天井のカビ対策もしています。

破れないペーパータオルをセット！　カビ取り剤を付けて天井を拭き、その後仕上げ拭きをします。なかなか洗えない天井は一番カビが発生するらしいのです……見えないだけで……。時間にすれば、15分もあれば終わる作業ですが手を伸ばしての高いところのお掃除は苦手。なので、普段はカビ取り剤の代わりにパストリーゼを使っています。仕上げの拭き取り作業をしなくてよいので少し楽なんです。それに、定期的に行っていればパストリーゼで十分キレイを保てます。

1

2

2016年 07月 22日

製氷機のお手入れ

梅雨明け、ピカピカお天気で、タオルケットをお洗濯、今日は気持ちがよく寝られそうです。

パストリーゼは冷蔵庫の製氷機のお手入れでも使っています。週に1回もしくは、水がなくなったときにしっかりと洗い、仕上げにパストリーゼをシューしています。製氷機の中は意外とカビが生えやすいところなのでお手入れはしっかりしたいです。

2016年 07月 23日

タオルのお手入れ

お庭のひまわりが顔をそろえて咲いた。ぴかぴかお天気だった土曜日。梅雨が明けて、残ったのはうっすら嫌なにおいのタオル……。もちろん！普段からにおいをつけないように気をつけてはいますが、なかなかお洗濯物が乾かない梅雨時期は嫌なにおいがつきやすいです。

そんなときは洗濯用粉末洗剤、酸素系漂白剤を50度程度のお湯に適量入れてよく溶かしたら、タオルをつけ置き！

この作業をお天気の良くなりそうな日の前夜にしておき、朝に洗濯機で洗って外干しをしています。これをするとにおいがなくなりまた気持ちよく使えます。使い捨てではなく、できるだけ長く使えるように工夫していきたいなぁと思っています。

2016年 08月 22日

我が家のバスルーム掃除

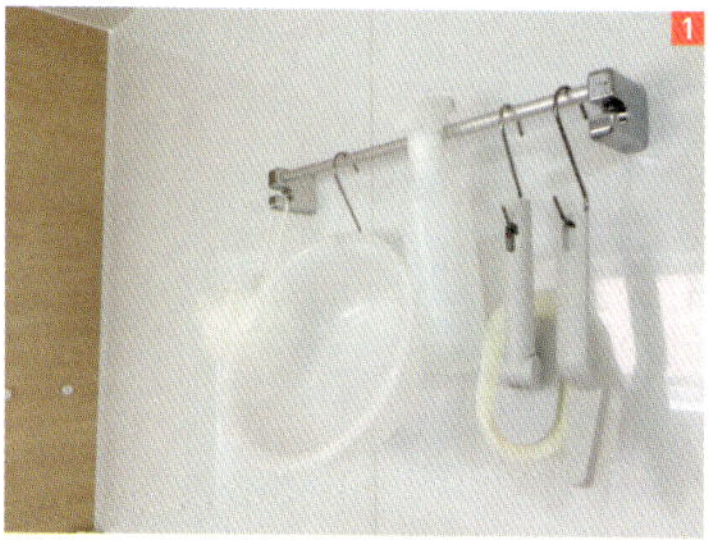

我が家は最後に入った人がお掃除します。理由は、習慣化しやすい、シャンプーなど付着して間もないうちに落としたい、お風呂場が温かいうちのほうが汚れが落ちやすいなど、メリットに感じる点があるから。お掃除がしやすくぬめりが付きにくいように、シャンプーやお掃除道具なども掛けています。

お掃除道具を掛けているタオルバーはマイホームの打ち合わせ時に高い位置にしてもらいました。シャワーの水がかからずにストレスなく使えます。週に一度の念入りなお掃除で、すっきりしました。お掃除道具は無印良品のものを愛用中。

botaさん 04

bota

マイペースで自分らしく、身の丈に合った暮らし。

広島在住、40代主婦。これからもマイペースに自分らしく、身の丈に合った暮らしで、家族と一緒に楽しく過ごしていきたいと思います。無駄なものを減らしたことで片付けが楽になりました。これからも持ち過ぎない暮らしを心がけ、楽に掃除や片付けができるようにしていきたいと思います。

家族構成
夫、自分、長女、長男

住まい
一戸建て　築5年

掃除・片付けについて

掃除や片付けなどは、できるときにできるだけ無理をしない「ついで掃除」「ながら掃除」をしてます。性格的にルール化しすぎても続かないから。持ち過ぎない暮らしを心がけ、楽に掃除や片付けができるようにしていきたいと思います。

Instagram
@ta___kurashi

2016年 01月 15日

クマ柄の収納ボックス

最近の我が家は、床に座ってこのなんちゃってテーブルで夕食を食べます。食事中「テレビのリモコンは?」とか「ティッシュ〜」とか言われるので（リモコンはいつも行方不明率100%……。）、このクマボックスに全部入れてテーブルの下に置くことにしました。雑貨屋さんでお安くなってたので、思わず買ってしまいました。ゆっくりご飯を食べられるって幸せ♪

2016年 03月 08日

キッチンのオープン棚

相変わらずのゴチャゴチャ感満載の我が家のオープン棚……。もっとスッキリさせたい……でも、お気に入りや必要な物は置きたい！　まだ理想のキッチンにはほど遠い。「物があってもスッキリなキッチン」目指して頑張りたいっす。

2016年 04月 01日

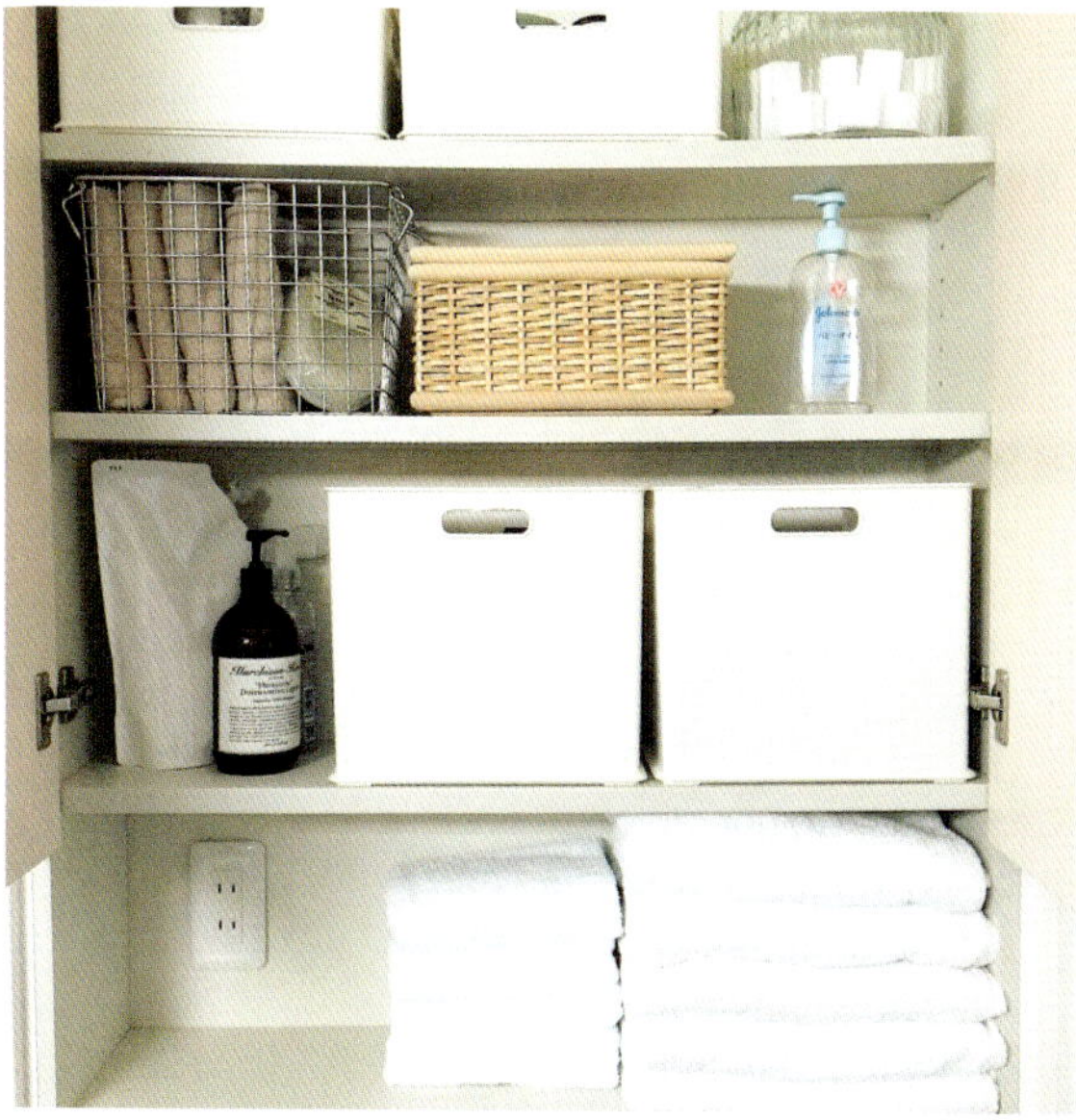

洗面所の棚

洗面所の奥行きのない棚。この棚には、家族それぞれのスキンケア・ヘアケア用品を収納しています。子どもたちには、自分でニトリのボックスに収納してねとお願いしています！　家族の中で一番女子力が低いのは……私です。

2016年 04月 24日

階段下収納庫

階段下収納にはキャスター付き棚を。我が家の収納庫は、階段下なので奥行きはあるんですけど、半分から天井が低く、しゃがまないといけません。それで、キャスターを付けたニトリのカラーボックスを手前に置いて、普段使う物を収納しています！

2016年 04月 28日

ドーバーパストリーゼデビュー

私、デビューしました！ ふふ……。Instagramでよく見かける「ドーバー パストリーゼ77」さま♥ あなた様のそのおチカラ……我が家で存分に発揮していただきたい！ STOP！ ウイルス！ パストリーゼは何にでも使えるアルコールスプレーで、まな板・ふきん・調理器具の除菌・防カビ、また、果物・魚介・食肉の保存、生ゴミの防臭・消臭等に使えるらしいです！ 南極観測隊指定製品ってとこがスゴそうで（←単純な私）。勝手に「パスラー」って命名。

「Freddy Leck」のウォッシュタブ

我が家のウォッシュタブ。今までは100円ショップのを使ってたんですけど、取っ手がなく収納に困っていました。で、新たにお迎えしたメンバー！

「Freddy Leck」のウォッシュタブさん！ ブラブラぶら下げ収納で、洗面所に入るたびにニヤニヤしてしまう私。

mini column 毎日の時間割

06：00	起床、弁当作り
06：30	朝食準備
07：00	洗濯
08：00	家事全般（掃除）
11：00	買い物
17：00	夕食準備
21：00	食器洗浄〜片付け（キッチンリセット）
00：00	リビングリセット後、就寝

掃除機をかけたあとの、こんな何もない部屋が理想（実際は、見えないところにいろいろある……）。現実になるように頑張ってます。

2016年 05月 15日

オムツでウエスづくり

黙々と朝からウエス作り。ウエスにしたこの布。ずっと捨てられなかった子どもたちのオムツなんです（笑）。思い出があり過ぎて、ずっと捨てられずに収納していたんですが……思い切って次の任務を遂行していただくことにしました！　ウエスになってお役目終了しても、思い出は消えませんから。ありがとうオムツさん！

2016年 05月 21日

我が家の「理想の暮らし道」

朝のキッチンからおはようございます♪　前から思ってたこと……自分の「理想の暮らし」って家族にとってはどうなんだろう……。例えば、ゴミ箱はキッチンにあるからリビングには「いらない派」の私と、すぐに捨てられるから「いる派」の我が家のメンズ。ちょっとしたことなんですけどね。「好きなモノに囲まれたシンプルな暮らし」が理想だけど、家族も私も暮らしやすいお家にしたい！　我が家の「理想の暮らし道」はまだまだ続く……。

無印のダストボックスを生ゴミ入れに

我が家は、無印のダストボックスを生ゴミ入れにしています！蓋つきで袋止めのワイヤーもついていていろいろ使いやすいです♪　特に、ゴミのにおいや虫とか気になる季節に、蓋つきなのは安心。ジャバジャバ洗ったあとはパストリーゼをシュッ！ゴミ箱洗い……ぐうたらな私は毎日は洗いません。

mini column　朝も夜もキッチンはリセットします

夏休みに入ると我が家の食器棚からグラスが消える怪奇現象が……、そしてシンク内が使用済みのグラスでいっぱいになるんです……。絶対にホラーです！

朝ルーティン
キッチン・リビングのリセット（食器など洗い物を済ませて、使った物を定位置に戻す）。

夜ルーティン
キッチンのリセット。洗面所の簡単な掃除。

年末掃除
エアコン、空気清浄機、各種換気扇、24時間換気システムフィルタの掃除。玄関ドアの拭き掃除、窓拭き。

2016年 06月 02日

いろんな白い食器たち

今日は、朝からオープン棚の拭き掃除をしました！　棚を拭き拭きしながらふと思う。「いろんな白があるなぁ♪」と。無印良品の白も100均の白もどれも好き♥

2016年 06月 26日

メロメログッズ　新メンバーのご紹介

今日は、私のメロメログッズ・新メンバーのご紹介。ご紹介なんて言ってますが、好き過ぎて使ってないモノもあります……(笑)。「亀の子」の「カルカヤたわし」、「亀の子」の「柄付たわし　極メ」、「ドイツ製」ベジタブルブラシ、並べてニヤニヤ♪　触ってニヤニヤ♪　これで家仕事のヤル気がアップしそう。

2016年 07月 14日

洗濯祭り

天気予報は晴れ。今日は洗濯祭りだー！……と朝から気合いを入れて、衣類・タオル・シーツ・各種カバーを洗いまくってやりました。乾いたモノからセッティング♪ コロコロをかけて終了です！ あぁ許されるならこのまま眠りたい。

2016年 07月 20日

アルカリ電解水の力

アルカリ電解水の力で汚れを落とす！ ダイソー「水の落ち落ちV」、クリアなボトルに惹かれてお買い上げ。我が家の汚れた床を電解水の力でピカピカにしていただきましょ♥ モップは、無印良品のものです♪

2016年 07月 31日

オープン棚の拭き掃除

オープン棚の拭き掃除……そろそろやらないといけないなぁと……重い腰を上げての拭き掃除。ここには食器だけでなくキッチンで使うグッズも収納しています。ビックリするほどのホコリはなかったけど、これで気分もスッキリです。オープン棚だけで力尽きる。

2016年 08月 04日

キッチン収納の見直し

毎日暑いですが、みなさんは夏バテしてないですか？ botaはバテバテです。今日は、もっとわかりやすく取り出しやすい収納にしたい！ とキッチン収納の見直しをと思ったんですが……見直し中いろいろと迷いが出て、そうこうしているうちに時間がなくなり強制終了……チーン。

2016年 08月 08日

簡単DIY♪ キッチンの壁にいろいろ引っ掛ける

今日は、キッチンの壁にいろいろ引っ掛けるバーをDIYしました。このバー、IKEA?と聞かれましたが、そんな素敵バーじゃないんです。ホームセンターで売ってる¥198の木製ポールなのです♪

2016年 08月 19日

ゴチャゴチャはカゴに入れてしまう

何の素敵な変化もない我が家……。フォロワーさんから「スッキリされてるぅ♪」なんてコメントをいただいて、泣きそうなくらい喜びながら「ごめんなさい……いろんなゴチャゴチャを、そこらのカゴなどにぶっ込んで写ってないだけなんです」と心の中で謝罪する私。そんなぶっ込みカゴが、この写真の中だけでも3カ所……①左上棚の上のカゴ ②キッチンカウンター端の木の箱 ③キッチンオープン棚の上のカゴ ①の中のものなんて、「おぅ! 久しぶり元気だった?」と、懐かしい友と会ったみたいな感動があります(笑)。

mariさん 05

mari

シンプルで生活感のないホテルライクな暮らしが理想。

大阪在住、30代、ネイリスト。片付けと掃除が大の苦手でしたができない自分にとてもストレスを感じていました。今の家に引っ越したのを機に片付けに目覚め、物が出ていない生活感のないおうちにすることで掃除を楽しくできるようになりました。ホテルのようにシンプルで暮らしやすい「ホテルライク」な生活が目標。

家族構成
夫、自分、長男9歳、次男8歳、三男0歳

住まい
マンション、築20年、2LDK

▶ 掃除・片付けについて

トイレに行ったついで、お風呂に入ったついで、のついで掃除を心がけています。また、子どもがいるとどうしても散らかります。1日2回きれいな瞬間があればOKというマイルールを作りました。子どもが学校へ行っている時間と寝たあとのみきれいであれば、OKです。

Instagram
@hls_mari

「ホテルライクスタイル―三兄弟ママのプチプラで作るホテルライクな暮らし―」
http://ameblo.jp/brown-black-xoxo/

▶ 2013年 12月 05日

お掃除を楽にする方法

実は私、お掃除が大嫌い（笑）。以前は1週間に1度掃除機をかければマシでした。なぜ、嫌いかというと、掃除をする前に「物を動かす」のが、とても面倒だったのです。ですので、掃除までの工程を簡単にしようと、何も出ていない家にしました。

靴は、すぐに除湿・防臭剤を入れて靴箱に。キッチンには洗剤・スポンジ・アルコールのみ。一日の終わりに台拭きで拭くだけ。洗面所はハンドソープのみ。ここも、小さくカットしたメラミンスポンジでささーっと洗うだけなので毎日続いています。

「ものを出さないでおくこと」は私のようにお掃除が嫌いな人にとって、まず始めなければならないことだと思います。

2015年 09月 17日

お風呂の頑固な水あか掃除★

先日、100円ショップで気になった商品があったので買ってみたのですが、試したところ、とってもよかったです！

今まで「オキシクリーン」をお湯で溶かして、ティッシュにしみこませて貼り付けて、ラップで覆って5時間……という「オキシパック」をやっていたのですが……、この「ダイヤモンドパフハード」を濡らして軽くこすっただけでびっくり！　ピカピカに。ダイヤモンドクリーナーは使いすぎもよくないみたいなので、普段のお掃除にはクエン酸です♥

2015年 10月 02日

早くて楽な換気扇のお掃除方法♪

今朝は目覚めがよかったので、掃除洗濯・お布団干しを終わらせて、換気扇のお掃除までやっちゃいました♪

今まで換気扇掃除には、いろんな洗剤やら重曹、セスキ、お掃除シートなど使いましたが一番早く楽にお掃除できるのは……食器用洗剤でした（笑）。

使い古した食器用スポンジをあわあわにして丸洗い。サラサラッときれいになりますよね。濡れぞうきんで拭き上げて終了。汚れ防止に換気扇シートをカットしてマグネットで貼ります。スッキリした♪

そんなこんなで10時には梅田に出てきました★　iPhone修理のあと、美容院の予定です♥

1

2

3

2015年 10月 22日

週に一度の家電掃除。炊飯器を丸洗い

今日は朝から炊飯器のお掃除。毎日、内釜と内蓋は洗っていますが、炊飯器全体のお掃除は毎日は無理。だいたい週一くらいでやっています。気が向いたときにね（笑）。

本体はパーツ全部外してお湯スプレーで拭き拭き。さらに食品用アルコールで拭き拭き。綿棒で細かい汚れも取ってピカピカ。ついつい見落としがちな外蓋。我が家のは蒸気カットタイプなのでまだマシですが、意外に汚れていたりするんですよね。蒸気が出るタイプは詰まったりします。ここが汚いとお米の味も変わります。おいしいお米を炊くためには炊飯器のメンテナンスは必須ですね。

1

2

2015年 12月 10日

わが家の大掃除◆お風呂編

今日から始めました大掃除！まずは、お風呂掃除です。お風呂掃除は、垢と皮脂汚れをセスキで落とす→水垢、石けんカスをクエン酸で落とす→ハイターでカビ取り、の順番で行います。

セスキ水（セスキ：お湯　100㎖：1g）を全体にスプレーしてこすり、流します。

次にクエン酸。ステンレスとゴムパッキンに、クエン酸水（クエン酸：お湯　100㎖：5g）をスプレーし、ティッシュでパックします。壁、床、天井はスプレーだけ。2〜3時間後に洗い流し、スポンジでこすります。

続いてクイックルワイパーにドライシートを付け、キッチン泡ハイターをシュッシュ。天井を拭いて20分放置したあと、シャワーで流しました。同時に、ゴムパッキンのカビ取りも。

三男のお世話をしながらだったのでお風呂掃除だけで丸一日かかりました〜！

1

2

大掃除チェックリスト

我が家の大掃除チェックリスト。私のブログからダウンロードできるようにしていますので、使ってみてください♪

■リビング
□天井 □壁 □床 □スイッチ
□コンセント □照明 □建具
□網戸 □サッシ □エアコン
□テレビボード □ソファー
□カウンターチェア □テーブル
□テレビ □コンポ □AV機器
□プリンター □PC □空気清浄機 □植木鉢 □ラグ

■キッチン
□天井 □壁 □床 □スイッチ
□コンセント □照明 □建具
□インターホン □カウンター
□シンク □IH □グリル
□換気扇 □冷蔵庫
□トースター □オーブン
□炊飯器 □ゴミ箱 □食器棚
□収納

■トイレ
□天井 □壁 □床 □スイッチ
□コンセント □照明器具
□建具 □便器 □タンク
□棚 □ペーパーホルダー
□ゴミ箱 □換気扇

■玄関
□天井 □壁 □床 □スイッチ
□ドア □インターホン
□照明 □靴箱 □飾り棚
□鏡 □傘立て

■お風呂
□天井 □壁 □床 □ドア
□照明 □バスタブ □ラック
□蛇口 □鏡 □シャワー
□排水口 □換気扇

■洗面所
□天井 □壁 □床 □ドア
□照明 □洗面台 □収納
□クローゼット □洗濯機
□洗濯機ラック □洗濯カゴ

■寝室
□天井 □壁 □床 □スイッチ
□照明 □コンセント □建具
□窓 □網戸 □サッシ
□カーテン □ベッド
□マットレス □TV □時計
□クローゼット

「ホテルライクインテリア」には、ハウスキーピングが必須！ お掃除は大キライですが、今日も頑張ります～！

▶ *mini column* 毎日の時間割

06:30	起床、食洗機の食器を棚に戻す、朝食準備
07:00	長男、次男朝食、登校
07:30	洗濯物を畳む
08:00	夫、三男、自分朝食
08:30	キッチン・リビングリセット、床掃除
09:00	一日一掃除（毎日違う場所）、リビング・洗面台・トイレ・玄関掃除
10:00	三男と仮眠（三男夜泣きのため）
12:00	昼食
13:00	三男昼寝、仕事 or お菓子作り
14:00	買い物
16:00	長男次男帰宅、おやつ
17:00	三男　夕食
17:30	夕食準備、子どもの宿題を見る
18:00	夕食
19:00	子どもとTV、ブログ記事を書く
20:00	お風呂（お風呂掃除）、洗濯
21:00	子ども寝かしつけ
22:00	リビング・キッチン・玄関掃除リセット
24:00	夫夕食、洗面台掃除
25:00	就寝

2015年 12月 11日

我が家の大掃除・トイレ編

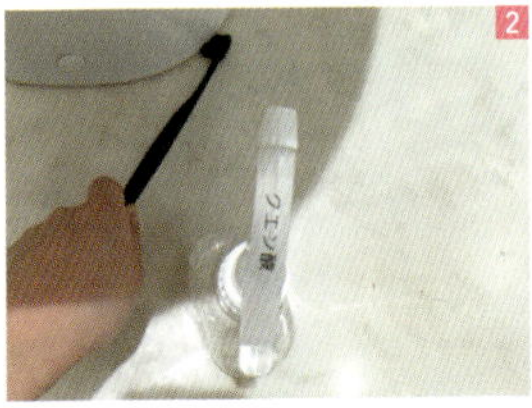

トイレ掃除には、クエン酸・キッチンハイター・アルコール消毒液を使用しました。

蓋や本体、床や壁にクエン酸水スプレーをし2～3分置いてから、濡れぞうきんで拭き上げます。便器の中はブラシでゴシゴシ。クエン酸は放置するとベタベタするので必ず濡れたぞうきんで拭き上げてくださいね。

手が入らない場所は、割り箸にキッチンペーパーを巻いたお掃除棒で1。細部は綿棒を使いました。

便器と床のすき間は、一番汚れがたまっているので、クエン酸スプレー後2～3分放置し、歯ブラシで汚れをかき出しました2。その後、お湯スプレーで残った汚れを拭き取りました。

仕上げにアルコール消毒液をスプレーし、乾いたぞうきんで拭きます。

最後に便器の中とトイレブラシを同時に漂白。キッチンハイターをキャップ1杯入れて20分ほど放置し、きれいに流して終了です♪3

2016年 01月 14日

男の子3人いてもきれいなお家にする方法!

私は元々〝片付けられない女〟でした。スイッチが入れば片付けられるんですが、すぐにグチャグチャ……。そんな私が引っ越しをキッカケに収納を勉強。ものを出さないことを徹底したことで、ほんの5分動けばある程度は片付くようになりました。が、やっぱり維持するのは大変……。

そこで思いついたのが「妄想」！ 夫が遅い日は、子どもたちが寝た後にきれいなお部屋でオシャレなディナーを作って、映画観ながら食べたい～！ そんなワクワクすることをイメージすると、やる気が満ちあふれてきます。タイムリミットもあるのでもう、必死で片付けます（笑）1 2。

夫が早く帰ってくる日は、きれいなお部屋で夫を出迎える自分を妄想★ 夫にはきれいなお部屋に帰ってきてほしいですからね。きれいにした部屋でどうしたいか、具体的にイメージするといいんじゃないかな～と思います。

冷蔵庫掃除のベストタイミング

雨で次男のサッカーの試合が中止に。せっかく早起きしたので朝から冷蔵庫のお掃除をしました。ちょうど昨夜、冷蔵庫の中身をほぼ使い切ったので冷蔵庫掃除にはベストタイミング！

冷蔵庫のお掃除はなかなか大掛かりになってしまうので、冷蔵庫が空っぽになったときは必ずするようにしています。

外せるパーツはすべて外して1、中性洗剤で丸洗い2。冷蔵庫のお掃除したいな、と思うときは食材をすべて使い切ってからしかお買い物に行きません。細かいところも綿棒やお掃除棒で忘れずに3。アルコールで拭き掃除をしてから棚を戻しました4。10年以上使っている冷蔵庫ですが小まめにお手入れをして壊れるまで使い続けたいと思います。

mini column 朝、部屋がきれいだと家事のやる気が出ます

朝ルーティン

夕飯時の食器を食洗機から食器棚へ戻す。／掃除機掛け。／クイックルワイパーで床掃除（2、3日に1回手拭き）。／ハンディモップで家具家電のホコリ取り。／洗面台掃除。／トイレ掃除（トイレに入ったついでに）／キッチンカウンターとリビングに何ものが出ていない状態にする。

夜ルーティン

キッチン・リビングリセット、床掃除（クイックルワイパー）／玄関掃除、リセット。／お風呂掃除（お風呂に入ったついでに）／洗面台掃除。

夜はキッチンとリビングをリセットして寝るようにしています。朝、スッキリときれいな部屋だと、家事のモチベーションが上がりますね。

▶ 2016年 02月 10日

生活感をなくす方法

1

2

私は、台拭き・ふきんは持たない暮らしです1。台拭きやふきんが出ているだけで一気に生活感が出てしまいますよね。それにズボラな私は、煮沸したり漂白したりが面倒なので、キッチンペーパーで代用しています。SCOTTIEの洗って使えるペーパータオル2。しっかりしていて本当に洗って絞っても破れない！ 厚手なので拭きやすいです。61カットで300円ほど♪

▶ 2016年 02月 29日

こんな日もあります。人間だもの

1

2

3

今朝の我が家はこんな感じでした1。もう、これでもか！っていうほど荒れていますね。

昨夜微熱があったもので片付けもせずに早めに寝ました。ここまでになるとさすがにリセットにも時間がかかります。やっぱり小まめに片付けるのが一番ですね。

途中、三男の授乳2回&寝かしつけ3回挟みながらやっとリセット完了2 3。赤ちゃんがいるとなかなか片付けが進みませんが、赤ちゃんがいるからこそ常に清潔なお部屋にしたいものです。

▶ 2016年 06月 04日

キッチンシンクのシャワーヘッドを分解掃除

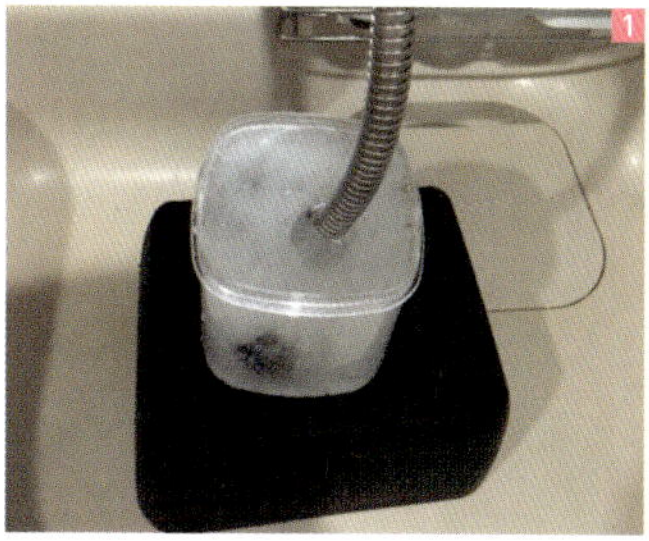

インスタグラムでフォローさせてもらっている方が、キッチンシンクのシャワーヘッドを分解してお掃除しているのを見て、私も急いでお掃除。
　分解してみると……ギャー！
　2年半の汚れと水垢がたくさん！ 重曹2：クエン酸1の割合で炭酸水を作り、漬け置きしました。混ぜると炭酸ガスが発生するので汚れが勝手に浮いてきます[1][2]。20分くらい漬けてからあとは歯ブラシとスポンジで細かいところをお掃除しました。
　キッチンの水はご飯を作るのにも使うし、本気で小まめに掃除しなきゃ……！

▶ 2016年 06月 17日

洗濯パンのしっかり掃除☆

昨日は出勤前の夫を捕まえて、一緒に洗濯機を動かしてもらい、洗濯パンの掃除をしました。

■洗濯パン→ほこりを取ってからセスキ炭酸ソーダスプレー（スプレー容器満タンの水に小さじ1ほど）でスプレーして拭き取り、その後水拭き。

■排水口→クエン酸湯（50度くらいのお湯2ℓにクエン酸½カップほど）を流し込み、1時間ほど置いてからお湯を流す。（オキシクリーンでも◎）

■排水口パーツ→外せるものは全部外してオキシクリーン（酵素系漂白剤）溶液（洗面器いっぱいのお湯に付属スプーン1杯ほど）に漬け置き1時間。

　昨年末の大掃除のときは産後すぐで重い物は持てなかったのでかなり久々の洗濯パン掃除！ めーっちゃ汚かったです。

▶ 2016年 07月 13日

ズボラでもできる一日一掃除のススメ

毎日のお掃除にプラスして、一日一カ所のお掃除をすることにしました。私、掃除が苦手なのに汚いのも嫌いなのです……。

毎日のお掃除の量は人それぞれだと思います。掃除機だけかける方。拭き掃除もやる方。窓拭きもやる方。照明器具まで拭く方。週末まとめてやる方。私はそれにプラス一カ所だけ。やる気が出ない日も一日一カ所なら続くんじゃないかな。できるだけ長く続けたいです。

今日は掃除機。説明書を見て、外せるパーツを外して水洗い、オキシクリーン漬けにしました！

▶ 2016年 08月 09日

ズボラに嬉しい☆激安お風呂のカビ予防

TVでお掃除のプロの方が紹介していたカビ予防を実践！

カビ予防には、専用の防カビくん煙剤を使っていらっしゃる方も多いかと思いますがなんと……！お線香で代用できちゃうそうです！

お線香のアルカリ性の煙がお風呂の水垢や皮脂汚れなどの酸性の汚れと中和してカビが生えにくくなるんだそうです。TVではお線香1本をビンに立てて燃やしていました。換気扇を回しながらで大丈夫だそうです。

お線香メーカーが出しているお線香ならなんでもいい、と言っていましたが、私はさらにアルカリ性が強いという、備長炭のお線香にしてみました。毎月防カビくん煙剤を買うことを考えれば激安！だって5年分は入ってますから（笑）。

普段はパパッとしかお風呂掃除をしてないのですぐカビが発生してしまうのです……お線香に期待したいと思います。

1

2

▶ 2016年 08月 10日

キッチンにあるアレで♪ ガンコな黒カビの落とし方

お風呂のシーリング部分に発生してしまうガンコな黒カビ！キッチン用の塩素系漂白剤で落とします！ 安いし、専門の洗剤を買わなくてもいいので物も増えない、なによりガンコなカビもきれいに取れます。必ず換気扇を回し、マスクと手袋を着用してくださいね（原液のまま使うので正しい使用方法ではないと思います）。

まずカビを活性化させるためにシャワーで濡らし、そこにキッチンペーパーを貼り付け、塩素系漂白剤をピャーッとかけ、ラップでパックして放置。きれいサッパリなくなりました！ 放置時間はカビの状態によるので、たまにめくって確認。今回は3時間放置しました。TVでは、ロウソクを塗りつけておくと防カビに効果的！とやっていたのでそれもやってみました。定期的にやらないといけないみたいなので、とりあえずお風呂掃除をしっかりやったときには、これとお線香を仕上げにやってみようと思います。

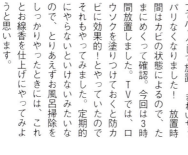

▶ 2016年 08月 24日

タオルを白く保つ秘訣

我が家は白いタオルを使っていますが、白いタオルってすぐに黄ばんだり黒ずんだりしてしまうので扱いが難しいですよね。うちでは白い洗濯物だけを集めて、夜寝る前に洗濯しています。普通の洗濯洗剤にセスキ炭酸ソーダ（40ℓに大さじ1ほど）を足して3分かくはん、その後朝まで放置。翌朝そのまま通常コースで運転しています。セスキは皮脂汚れに強いので、黄ばみの原因である皮脂汚れをしっかり溶かしてくれます。水でも溶けてくれるので毎日のお洗濯に気軽に使えて便利です。

すでに色が変わったタオルはお湯で泡立てたオキシクリーン溶液に漬け置きしたり、お鍋でタオルをぐつぐつ煮ると白く戻ります。

昨日は手拭きでの床拭きDAYだったのですが、後から三男がハイハイで追いかけてきました。後追いは嬉しいですね。かわいすぎます♥

yuriさん 06

yuri

埼玉県在住。基本はズボラな主婦ですが、汚いのはストレスがたまる……。いかにラクでわかりやすくてきれいに見える収納にするかを日々模索中です。家族みんなが暮らしやすく、ストレスフリーな居心地の良いお家が目標です。

家族構成

夫、私、娘2歳

住まい

一戸建て　3LDK　築2年弱

▶ 掃除・片付けについて

私は根っからのズボラ人間で、面倒くさがりな性格。でも、汚い部屋だとストレスがたまる…幸せな気持ちでいられない……でも面倒……という気持ちで長いこと葛藤していました。念願のマイホームへ引っ越し、少しずつ自分の「理想の我が家」へのカタチが見えてきました。ミニマリストには絶対なれないですが……「持ちすぎない暮らし」を目指して、「見た目はスッキリきれい、でも中身はざっくり」「掃除のしやすい家」「物の定位置、ストック量が決まっている家」これを心掛けたインテリア・収納にしています。
今後は、娘が幼稚園に入園したら、子ども部屋づくりを始める予定です。娘の成長に合わせて、娘にも片付けや整理整頓を手伝ってもらおうと思っています。また、秋冬に向けて、また家族の動線に合わせた過ごしやすい部屋づくりを考えていきたいと思っています。

ラクでわかりやすくてきれいに見える収納を模索中。

Instagram
@yu.ha0314

▶ 2016年 03月 15日

整理整頓。とりあえずテレビ台の左側

昨日の整理整頓。とりあえずテレビ台の左側だけ。ラグ用のコロコロとワイヤーバスケットは下段にコロコロのスペアやあまり読まない本など、上段はおむつセット。ファイルボックスには、光熱費の書類などをまとめているファイルや、娘のサークルで作った作品など収納。真ん中の棚板は外しました。右側は月末に無印良品週間第2弾でいろいろ購入予定なのでそのときに。少しずつ整理整頓できてきて、気持ちいい。この調子でのんびり頑張ろう。

▶ 2015年 03月 28日

おもちゃ収納の見直し

今までラタンボックスの他にテレビボードの横にパイン材ボックスを置いて、そこにもおもちゃを入れてました。それでもよかったけど、蓋がないのでごちゃっついた中身が見えるのと、場所をとるのが気になって見直し！ テレビボードの右側に収納しました！ ここなら、娘も開けられるし、ボックスには持ち手がついてるので、娘も引き出せました。右側には、おもちゃの他に、ゲーム機とコントローラー系、DVDなどを収納しました。とりあえず家にあったボックスを使って即興で作ってみた収納だけど、気に入ったのでこの感じでいこうと思います。

▶ 2016年 04月 05日

シンク下収納の見直し

キッチンツールスタンドには左にはあまり使わないもの、真ん中と右は使用頻度が高いものを入れてます。右の容器は、入浴剤詰め替え容器なんですが、酸素系漂白剤を入れてます。ただ注意書きには入浴剤以外入れないように書いてあるので完全な自己責任のもと使ってます。キャップ7分目くらいが大さじ1くらいなので、サッと計って使えて便利です。右奥は45リットルのゴミ袋ケース。自己満足ですが、また少しすっきりしました。

1年ちょっと暮らしてきて見直したい部分がちょこちょこ出てきました。来年からは少しでも働きたいので、今年のうちに生活動線の見直し、持ち物整理、断捨離をがっつりとやっていきたいと思います。

2016年 04月 10日

収納キャリーボックスにおやつを

わが家で大活躍、収納キャリーボックス。娘のおやつはここに入れ、この中から好きなおやつを選んでもらってます。薬箱は大人の常備薬と、娘の塗り薬の予備たち。娘の風邪薬などは、その場ですぐ出して飲めるように食器棚に収納。スタッキングもできるし、ほんとに便利だから、筆記用具用と、工具用にあとふたつは欲しいなぁ。

2016年 04月 21日

バスタオル買い替え

久しぶりにバスタオル買い替え。今回は家族みんな同じ色に。今までは分けてましたが、みんな同じなら適当にさっと取れるし手間がひとつ減るし……ということで揃えました。ワイヤーバスケットに収まる分だけ。このまま脱衣所に置きます。わが家の脱衣、洗面室は本当に本当に狭くて収納もないし不便すぎます。少しでも使いやすくしたいなぁ。ミニマリストにはなれないけど、シンプルには暮らしたいと思っています。

蓋付きバケツが便利

やっぱり行ってしまった無印良品週間の誘惑……すごい。替えのバススポンジなど、細々したものだけ購入。じみーにオススメなのがこのバケツ。掃除用にも、漂白にも、つけ置きにも……。今日はコンロの五徳たちをぜーんぶつっこんで、重曹でつけ置き。蓋もついてるし、安いし、シンプルだし、お気に入りのひとつです。

▶ *mini column* 毎日の時間割

07：00	朝掃除（モップ、水拭き）
08：00	娘と朝ご飯
09：30	スーパーへ買い出し、娘と遊ぶ
12：00	お昼ご飯
13：30	外出（児童館や公園など、娘のお友達と遊ぶ）
16：30	帰宅
17：30	娘とお風呂
18：00	夕ご飯準備
19：00	夕ご飯
19：40	掃除機がけ、食器洗い
20：00	娘寝かしつけ
20：30	自由時間
22：00	洗濯物干し、LDK片付け、ラグとソファーのコロコロかけ
23：00	就寝

朝から旦那が娘を連れて遊びに行ってくれたので、その隙に念入り掃除。玄関まわりと、階段、2階廊下を拭き掃除してスッキリ！

▶ 2016年 04月 28日

玄関をすっきり整理整頓

雨降りの1日。娘とひきこもり……ただいまお昼寝中。この地味な玄関（笑）。冬の間は娘の防寒グッズやアウターなどでごちゃついてた玄関。思いっきり整理整頓、掃除しました！あまり物を飾ると掃除が面倒なので、最低限に。

今までポスターを飾っていた壁は、フックとスワッグ（植物を束ねて吊るした壁飾り）だけに。フックはお客様や自分たちがちょっとしたときに使えるように。シンプルになって、気持ちもすっきり。おしゃれな玄関にとっても憧れるけど、変えられないものを嘆いても仕方ない！ 前向き前向きー（↑言い聞かせる・笑）。

▶ 2016年 05月 30日

フローリングワイパーを木製に

今日は雨……。午後にはやみそうですが、習い事しか予定もないので、のんびりします。ここ数日サボっていた床掃除、朝から重い腰を上げてやりました。面倒だけど、やると本当にスッキリする。今まで使っていたフローリングワイパーの持ち手が、あまりに毎回全力で床拭きをしていたらとうとう破損（笑）。しなるのもすごく不満だったので、

これを機に木製の持ち手に交換。結果、すばらしい！ しっかり力が入るし、しならないし、丈夫だし、何より見た目が好き。他の場所のほうきとかも木製に変更したい！ 床掃除の道具はファイルボックスにまとめて、これも玄関収納に。見えないからこれも中身は詰め替えずカラフルパッケージのまま！ 手を抜けるとこは抜きます（笑）。

夜家事。モップがけ

夜家事のひとつ。娘を寝かせる前に必ずモップがけをします。寝かせて、1階に下りてきたときに気持ちが良いし、明日の朝も気分が良いのです。

私は基本的に根っからのズボラ人間で、面倒くさがりな性格。でも、汚い部屋だとストレスがたまる……幸せな気持ちでいられない……でも面倒……という気持ちで長いこと葛藤していました。念願のマイホームへ引っ越し、少しずつ自分の「理想の我が家」へのカタチが見えてきました。見た目は良く、中身はざっくり。これが今はしっくりしています。

昔はただ好きな物を飾ったり、欲しい物を買っていましたが、今は「掃除がしやすいように無駄に飾らない、物を増やさないように無駄に買わない」、その見極めがだいぶできるようになってきました。

mini column 夜の完璧リセットで朝がラクです

朝の掃除、片付けのルーティン

毎日やることはモップかけ。週3回ほど床の水拭き（クイックルワイパーで。週1回は手で水拭き）、家具などのホコリ取り

夜の掃除、片付けのルーティン

掃除機がけ、ラグとソファーのコロコロかけ、LDKを整える、キッチンリセット、ふきんなどの除菌漂白、洗濯。朝起きてきたときに、きれいな状態になっているようにしています。洗濯やキッチンリセットなどを完璧に済ますことで、朝が大幅にラクになるため。

年末大掃除について

例年やっていることは、サッシと窓拭き、換気扇掃除、冷蔵庫整理、洗濯機の掃除、お風呂の念入り掃除、エアコン掃除、すべての収納の中を拭き上げる、下駄箱掃除、カーテンレール掃除。

今年やろうと思ってることは、家中を掃除しながらの断捨離。

2016年 06月 27日

掃除スイッチが切れた日

今日はすっきり晴れて気持ちいい。これから娘のお友達とお出かけです。昨日はイオンでアンパンマンショーがあったのでパパと娘と行ってきました！　娘は怖がるかなと心配でしたが、終始楽しそうで、最後の握手も大好きなバイキンマンにとびっきりの笑顔でした。

実はここ数日、掃除スイッチが切れてます。棚のホコリも見て見ぬふり……。写真ではわからないかもしれませんが。ちょっと体調不良もあり、もう少しスイッチ切ったままになりそう……。時々切れるこのスイッチ。もうちょっとしたら少しずつスイッチ入れて頑張ろう……。

2016年 07月 06日

やっとクローゼット整理をしました

やっとクローゼット整理（衣替え）できました。重い重い腰を上げました（笑）。とりあえず断捨離しながら……。なんとかここまで絞りましたが、まだまだ無駄に持ってる気がしますが……。だいぶスッキリしました。

わが家ではトップス、サロペット系はすべてハンガーにかけて、ボトムスはたたんでシャツホルダーに。衣装ケースには入れていません。バッグは上段に。本当はケースに入れてすっきりさせたかったんですが、すぐに出し入れできたほうがラクかなぁと思いそのままです。ちなみに、冬服はケースに入れてこの下に並べてます。よし、この勢いで娘の服も早く衣替えしなくては。

2016年 07月 07日

換気扇をきれいにしました

毎日暑すぎ。とても外には出られない……ということで、今日も掃除スイッチを入れました！　絶対に半年に1回はするぞ！と年末に気合いを入れた換気扇の掃除、やりました。Instagramで、マメな方はちゃんと毎月とか2カ月に1度とか掃除されてるのを見ては、心を痛めてましたが……（笑）。やはり私にはそこまでマメにはできず、半年に一度が限界のようです（笑）。でもやらないより絶対いいはず。

ついでに五徳もつけ置き、コンロ周りもセスキとメラミンスポンジですっきりきれいになりました。はぁ、頑張った（笑）。

大好きなとうもろこしを茹でたので、娘がお昼寝から起きたら遅めのおやつにしたいと思います。七夕ごはんの準備もしなくちゃ。みんなの願いごとが叶いますように。

2016年 07月 16日

収納に入るだけの物しか持たない

お気に入りのボックス。いろいろ使えて、丈夫でシンプルで、本当お気に入りです。左から、薬箱、私と娘のヘアアクセ入れ、工具箱、娘のお菓子入れ。物は場所を決めておけば、無駄に増えないことを学びました！　だってこれ以上入らないから（笑）。

物の場所を決めて、物をそこに入るだけの一定量に保つことで、無駄買いも防げるしストック管理もラクになって、私にはこのやり方がピッタリはまりました。

▶ 2016年 07月 25日

食器棚の整理整頓！

昨日はホタル観賞会に行ってきました。なのに混みすぎてて、ホタルも見ずにひたすら飲む食べる。でも娘もすごく楽しそうで良かったです。ホタルは帰省したら見ようね。

だるい身体にムチうち、朝掃除からの流れで、勢いで食器棚の整理整頓！　中を拭いて整えて、スッキリ。ガラス扉の食器棚のほうには普段使いの食器。

木製扉の食器棚のほうには出番の少ない食器や調理器具、スーパーの袋などを入れてます。食器を持ち過ぎるのは避けたいですが、持たなすぎても家族が泊まりに来るときなど困る……ということで、多めの食器も使用頻度別に分けることで、ガラス扉の食器棚の中身がごちゃつくこともなく、今はこの感じがお気に入りです。

▶ 2016年 07月 28日

リモコン位置を決めました

とにかく部屋をすっきり見せたい私としては、リモコン収納は悩みどころで……引き出しに入れれば出し入れが面倒だし、ケースに入れれば置く場所をとるし、結局適当に置いてたんですが、やっと定位置を発見しました。

ふと思い立って、余っていた長押をソファーの死角に取り付けてみたら……思った以上にしっくり。基本、ごはんのとき以外はソファーで過ごすのでベストポジションを発見しました。ちなみに、ティッシュもあまり見せたくなくて、実はいつもこのソファーの陰にひそませてます。

2016年 08月 07日

日曜日は自分時間、念入り掃除

日曜日は予定がない限り、毎週、朝のうちにパパが娘を連れて遊びに行ってくれます。娘もそれを毎週楽しみにしてて、今朝「ママと行く?」って聞いてみたら「パパと行くの」と即答されて少し悲しかったです(笑)。おかげで毎週この時間は自分時間♪ といっても半分は掃除で過ぎてしまいますが。でも念入り掃除ができてすごく助かります!

今朝は手で床拭き。基本クイックルワイパーで水拭きしますが、ワイパーでは取れない隅の汚れもあるので週に一度は手で水拭き。それからトイレ、洗面所の念入り掃除。ダイニングチェアの水拭き、脚の傷防止シールの張り替えなど。写真はチェアを乾燥中。スッキリ!

家をきれいにして、くつろぐことが私の中でいちばんのストレス発散かもしれない……。掃除は毎日頑張る分、苦手な料理で手を抜いてます。

2016年 08月 29日

洗濯物の一時置きにカゴを使う

このカゴは洗濯物一時置き場です。ほんとはすぐ畳めばいいのだけど……娘と一緒に畳むことにしているので、時間に余裕があるときじゃないと畳めず。なのでそれまでバサッと入れて放置。カゴはなんとなくさまになるのでありがたい。

最近娘はお昼寝しなくなりました。お昼寝なしで、20時就寝にしたらすごく1日がスムーズに。朝は7時起き、夜は20時過ぎには寝てるので、お昼寝してたときよりトータル睡眠時間は増えました。今のところこのリズムで娘も機嫌良しなので、このままいこうかなと思います。

何より私的に、夜がもうパラダイス。のんびりだらだらしまくりです!「星のドラゴンクエスト」にはまってます。

kumiさん

kumi

07

試行錯誤しながら家の中を整えています。

シンプルにすっきり暮らすことで、仕事から帰ってきても、スムーズに育児や家事が進められる！　これが目標。育休明けの仕事復帰に向けて、試行錯誤しながら、家の中を整えているところ。

家族構成

夫、自分、娘4歳、息子1歳

住まい

一戸建て　昨年秋に引っ越し

▶ 掃除・片付けについて

大事なのは、家族が心地よく生活できること。そのために、それぞれの物の居場所を作れば、「あれどこ？」「これどこ？」のプチストレスがなくなるはず。水回りは毎日のちょこっと掃除が、頑固な汚れを作らない秘訣だと思い、心がけています。今後は、自然派の洗剤等によるナチュラルクリーニングを試してみたい。また、断捨離を進めて、家中の物の定位置を作りたいと思っています。

Instagram
@kuuumiii1015

▶ 2016年 03月 20日

8割収納がいい

IKEAの収納「トロファスト」を子ども用に使っていますが、今さら気付きました。トロファストって、ケースに8割くらいの収納で抑えるといいですね。出しやすくてしまいやすいです。

ケースが白で、おもちゃの派手な色味がスケスケなのが気になっていましたが……、厚紙を手前に入れて、やっとすっきりしました。

こまごましたおもちゃ、意外とすごく大事にしているものもあるから、捨ててはだめなんですよねー（笑）。分別とラベルのネーミングに困り、かなり大雑把ですが、とりあえずコレでいってみます。ラベリングはやり出すと、整理整頓のやる気が出ます！　特に子どもコーナーはその時に合わせて整理が必要ですよね。

▶ 2016年 04月 04日

買ってよかったフローリングモップ

掃除用具をちょっと整理しました。無印良品のフックを取り付け、ニトリのBOXに、マキタの充電器や紙パック、モップシートなど入れただけですが。

無印フローリングモップでの水拭き、最高！　ラクにキレイになって、すっごく便利ですねー！　もっと早く買えばよかったです！

子どもの食べこぼしで、ダイニングテーブルの下の汚れが激しくて。でも、ぞうきんがけは私にはしんどくて。このモップの水拭きなら楽チンでした。洗濯できるのもいいですよねー。

ちょっとした整理でも、家事のスムーズ度が全然違ってきます。基本ズボラ人間なので、まだまだ改善するとこだらけです。

▶ 2016年 04月 09日

ゴミ箱事情

ゴミ箱事情。最近やっとこれで落ち着きました。旦那に分別を間違えられるので、ラベリングを（プラ　カン　ビン　PET）。木の蓋つきのゴミ箱は、無印です。四角の3つのものは、クリナップの備え付けです。左側の空きスペースには、牛乳パックやトレーなどスーパーの回収ボックスに出すものを。使用済みの電池も小さな袋に入れてここに挟んでます。燃えるゴミ以外の小さなゴミ袋は手前のところに挟んじゃってます。

キッチンのゴミ箱は、無印のファイルボックスを使用。これ、スッキリで気に入ってます。勝手口のところに置いてるんですけど、シンプルでコンパクト、スッキリですー！　そんなに量は入らないんですけど、でも、うちは1日終わりに外のゴミ箱へ出すので、この大きさでピッタリですー。

旦那が仕事で不在の休日。疲れてたのでダラダラとリセット完了です。やっとおひとり様タイム♪

2016年 04月 12日

スッキリ暮らしたい理由

気付きました。私がスッキリ暮らしたい理由のひとつは、実家にありました。先日久しぶりに帰ったのですが、相変わらずの物の多さと汚さ！ 働いてる母とはいえ、これが小さい頃から嫌で……。家庭訪問の先生や友達が来る日、いや、普段から私が家の中の片付けをしてました。昔の家は収納がないですしね。居心地が悪いわけではないのですが、やっぱりスッキリが落ち着きます。というわけで、やっぱりシンプルが好きです。

トイレもシンプルのような殺風景なような……です（笑）。

2016年 05月 03日

娘が身支度しやすいように

娘が通園するときに身支度しやすいように、1階ウォークインクローゼットを見直しました。帽子をかばんの上に置いて、ワイヤーバスケットの空いた場所に前日準備したものを置くようにしようか……。未完成です。

夏には4歳になりますが、自分でできるのにできない！と言って、甘えてくることもたくさん。自分のことは、自分でできるように、成長に合わせて周りを整えてあげたいです。

親が手伝ってしまうと早いけど、待ってあげることが大事とよく聞きます。最近、その大事さを痛感してます。私、せっかちなんです。でも、気長に、待つように心がけたいです！

勝手口ドアの窓全開で

勝手口ドアの窓全開で、風が気持ちいい朝。夕方からのドタバタがしんどいので、予定のない日は午前中に猛烈にご飯支度やっちゃいます。

今日は、キッチンのゴミ箱（ファイルボックス）洗いと電化製品を拭き掃除ができたので満足でした。毎日、最低限の家事しかできてないので、プラス何かできたときは達成感が半端ないです。

mini column 毎日の時間割

06：20	起床、朝食準備開始
06：40	朝食、息子に食べさせる
07：00	食器洗い、片付け 2階布団片付け
08：15	娘送り出し
09：00	息子朝寝中に風呂、洗面所掃除、昼食作り、夕食下準備。 時間があれば、整理収納見直しと普段できない個所の掃除
14：30	娘お迎え
16：00	子どもと外遊び （またはおうち遊び）
18：00	夕食仕上げ
19：00	夕食、風呂
20：30	洗濯干す
20：30	マキタで掃除、床拭き、 キッチン周り掃除、 おもちゃ片付け
21：30	リセット完了

2016年 06月 24日

とにかく換気。カビ対策

浴室を使ってないときは、とにかく、窓を開けて干したい派です。少しでも、カビ対策！ 窓が北側なので、陽は当たりませんが。

賃貸のときは窓がなくて、私の管理も雑で、おもちゃにカビ……何度もありました。なので、必死です（笑）。100均の全面穴開きカゴだと、水切れが少しはマシです。あとは、天気いい日に、ウッドデッキで天日干しもしてます。

2016年 06月 24日

お風呂場は、下に物を置かない

お風呂場は、下に物を置かないようにがモットー。洗面器や洗顔は引っ掛け、固形石けんはネット派です。上の子の乳児湿疹が出た頃からずっと、「牛乳石鹸」青箱を愛用中です。子どもの肌には本当に合うみたいで、しかも安いし、やめられません。

そして、コストコでお風呂洗剤の特大ボトルを購入したら、なんと液体が黄色いのです。だから、詰め替えても黄色が透けちゃっています。そして、特大ボトルのため、なかなか減らない。いろんなものをすっきり白系にまとめようという、私の「白化計画」、詰めが甘い（泣）。

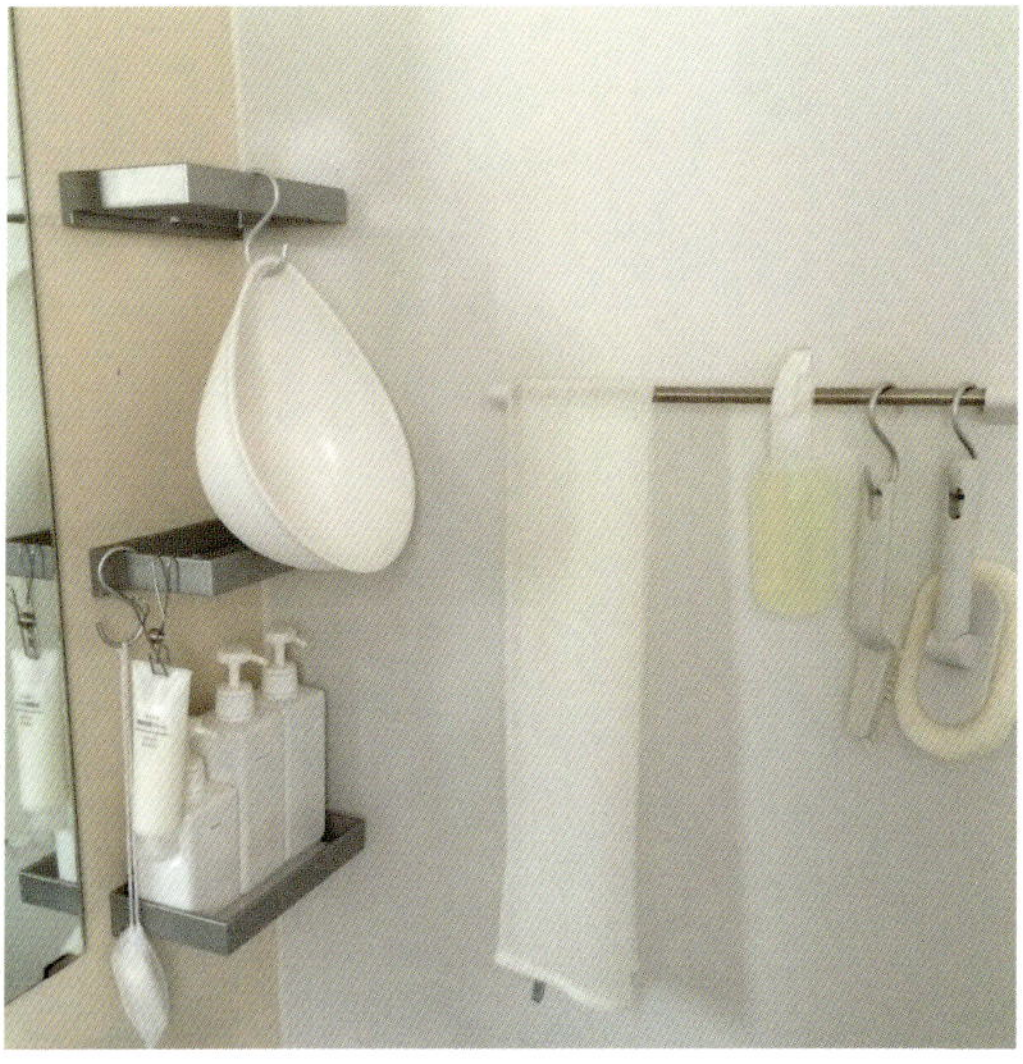

娘のカラーボックスの引き出し

昨日、娘とカラーボックスの引き出しを一緒に整理。普段は、娘任せで私はノータッチの場所なので、それはそれはド派手にグチャグチャでした。でも、それでこそ、普段愛用しているあかし。

クーピーの減りがやたらと早い色を見つけたり、足りない文具をチェックできたり、かなり久々に片付きました！

片付けてー！　って、言うことも前は多かったけど、ここ数カ月、家の中ではほぼ言ってません。言うのに疲れたのもあるけど、こっちがしつこく言ってまで片付けさせることに意味があるのか？　と、フッと思っちゃいました（笑）。私のお母さんは、片付けなさい！　勉強しなさい！　と、全く言わない人だったので、結構のびのび育ちました。子育てって、正解がないので迷うときがありますね。もうすぐ4歳ですが、いろいろと。

▶ *mini column*　夜の掃除では椅子の脚裏も拭き取ります

朝ルーティン

食器洗い、水周り片付け。浴室のタイルと浴槽磨き、排水口洗い、鏡・蛇口・シャワーの拭き上げ。洗面所の鏡・蛇口拭き上げ、排水口洗い（子ども次第でできないときも）。

夜ルーティン

食洗機には、食器以外にも、五徳や排水口カゴも洗って入れる。シンクやキッチントップの拭き上げ。ふきんやタオルのつけ置き。キッチンスポンジはパストリーゼしておく。ダイニングの椅子を上げて、椅子裏の拭き取り、マキタ掃除機、水拭き。おもちゃ片付け（工作系のいらないものの処分）。

年末

戸建てなので外周り、窓拭き、エアコン掃除。

最近、「ダンボール風呂」につかりながら、テレビを見るのが日課の子どもたちです（笑）。

▶ 2016年 07月 22日

食洗機下の引き出し

作り置きに使われてたタッパーたちが、金曜日あたりには続々と帰ってきます。週末にまた詰め込むので、週前半はもっと余白のある場所になります。

左側には……クエン酸、重曹、セスキスプレー、パストリーゼ、メラミンスポンジ、歯ブラシ。右側には……台拭き、キッチンクロス、レジ袋。

キッチン収納、徐々に改善して使いやすくなってきました。

あとは、鍋収納と背面の棚を落ち着かせたい。

Instagramで素敵な暮らしの写真を見てると、家仕事のモチベーションがホントに上がります。断捨離熱も冷めずに、2階から45リットルゴミ袋を5袋回収（そのうち、3袋は私のもう着ないであろう服でした）。

ただ、Instagramって、物欲もかなり刺激されますよね。気をつけます（笑）。

▶ 2016年 08月 02日

背面収納の見直し

背面収納の見直し。キッチン収納の中で、一番取り出しにくい位置なので、使用頻度低めなものを入れてます（水筒は使用率高め）。スッキリすると扉を開けるのが楽しくなります。

上段は……保冷バッグ、お菓子作り用品（年に1回か2回）。下段は……ラップやジップロックのストック、ゴミ袋ストック、子どもの弁当箱、弁当作りグッズ、プラスチック皿やコップ類、割り箸や串、ストロー、2軍のカトラリー、水筒と水筒ケース。

使っていないものをいくつか処分し、配置換え。いつの間にか、10割強になってしまっていた収納が、8割ほどに収まりました。これをキープしたい！

2016年 08月 25日

クローゼット収納

クローゼットの私のスペース。どこをどうやって手を付けたらいいのやら……衣装ケースの中で眠ってるだけの服がほとんどで、大量！ 断捨離をスタートさせるのに、かなり勇気がいりました。

まずすべての洋服を「使用頻度が高いか低いか」で分類。低いものは、捨てるかリサイクルに出すかしました。45リットルゴミ袋、3つ以上。

でも、この分類では究極過ぎるので、「たぶん着る」という選択肢を、使用頻度が高いと低いの間に作りました。そうすることで、気楽に分類ができ、作業が進みました。

「たぶん着る」に分類した洋服は、かけて収納せずに、この下のPPクローゼットケース引き出し式に入ってます。手の届くところに置いて、本当に着たくなるか試してみます。もし、全く着ることがなかったら、今度こそ断捨離に踏み切ろうと思います。

かける収納にすると、自分の好みもよくわかるし、また似たような物を買ってしまう！というミスも減るかな。どうやら白や紺系、ボーダーが好きで、同じような服ばかりです（笑）。あとは、サイズアウトしまくりの子ども服をなんとかしなきゃ。

2016年 08月 29日

洗面所収納

リビング収納が狭いので、日用品はこちらに。引き出しに入れたり、カゴに入れたり……。タオルの置き場所が迷走してましたが、最近やっと、安定。棚に置くだけって、使いやすいし片付けやすいですね（笑）。

私と子どもはフェイスタオルをバスタオル替わりにしてます。1度で4枚（子ども各1枚、私の髪の水分拭き取り含めて2枚）使用するので、一応計8枚を子どもと私用として、置いてます。旦那用には、「ハンガーに干せるバスタオル」を3枚。以前は大判のバスタオルを使ってましたが、雨の日は干す場所に困るし、乾きにくいので、これに変えてもらっちゃいました。ベルメゾンのもので、34×120㎝というサイズと速乾性、ほんとに助かります。

土日、荒れ放題だった我が家。なのに、昨日はリセットせずに寝てしまい……今日は片付けがいがありました！（笑） もともと几帳面でもきれい好きでもないので、意識しておかないと、すぐに荒れ放題になっちゃいますー（笑）。

ayacoさん 08

ayaco

小さな子どもがいてもスッキリ片付いた部屋で暮らしたい。

岩手県在住、20代、パート主婦。家族・友達が落ち着ける居心地のいい空間を目指して日々奮闘中。掃除道具もグッズも気に入ったもの、役に立つものを取り入れ、日々の作業の延長線上で楽して楽しく掃除ができるよう心掛けています。暮らしでは小さな子どもがいてもスッキリ片付いた空間にするため、物に住所を決め毎日その場所に戻すことを実践中。暮らし・持ち物・心もシンプルに毎日丁寧に暮らしたいと思っています。

家族構成

夫、わたし、1歳の息子

住まい

賃貸アパート、築4年、2LDK

▶ 掃除・片付けについて

子どもが産まれる前は掃除・片付けが大の苦手でしたが、子どもが産まれてからは、子どものためにも部屋を片付いた居心地のいい空間にしたいと意識が変わりました。結果、部屋が片付いていると自分自身が穏やかな気持ちになり、夫・子どもに対して優しく接することができるように。また、物の定位置を決めたことで部屋が散らかっていてもすぐに片付けられるようになり、友達を呼んでホームパーティーを楽しめるようになりました！

Instagram
@a_kurashi_note

▶ 2016年 05月 13日

洗面台

ザ・賃貸な我が家の洗面台。清潔に見えるように、洗面台周りの小物はなるべく白で統一。マウスウォッシュもラベルをはがして白に。懸賞で当たったビビッドピンクなドライヤーだけ目立っていますが。鏡裏収納とか憧れますが、当分はずっと賃貸なのでガマン、ガマン……。

2016年 05月 23日

キッチンツールはコンロ周りに吊るす&置く

キッチンツールはコンロ周りに吊るす&置く派です。以前は毎回片付けるようにしていましたが、ズボラなわたしには合わず……。写真にあるものはほぼ毎日使うものなので、汚れも目立たずこのやり方がわたしに合っているみたい。使う頻度が少ないものは、ガスコンロ下に収納して、必要なときだけそこから出して使っています。先ほど家に帰ったら、ガス料金の請求書が届いていました。我が家はプロパンガスなのですが、今月の請求額、7，440円。先月よりは2000円程下がったものの、まだまだ高い！

2016年 05月 24日

我が家の寝室

我が家の寝室。無印良品のベッドを使用しています。結婚当初はシングル×1、スモール×1を購入しましたが、息子が産まれてシングルをひとつ買い足し、3つ並べて寝ています。

そろそろ寝具を夏らしいリネンに替えたいなぁ。家族全員が起きたら、上掛けを半分に折りふんわりと整えておくと、気持ちがいいです。

2016年 05月 26日

息子の身支度コーナーを作りました

息子が4月から保育園に通い始め、服はもちろんタオル、オムツなど必要な物がたくさんになり、それらをまとめて置いておける身支度コーナーを作りました。

棚は生後6カ月頃まで使用していたIKEAのチェンジングテーブル。そこに通園バッグなどを引っ掛け、上の無印のソフトボックスには毎日使うオムツやミニタオル、食事用布エプロン、1週間に1度交換するパジャマなどを入れています。

2016年 05月 27日

清潔にしておきたいトイレ

家の中でも清潔にしておきたいところトップ3に入る場所。掃除がしやすいように、我が家は便座カバーやマットを使用していません。無印良品のソフトボックスの左側には、セスキ炭酸ソーダとウエス、生理用品を入れ、右側のボックスにトイレットペーパーを収納しています。

今年の初夏あたりから息子のトイレトレーニングを始めようと思っていますが、キャラクターものなどは貼りたくないので、そういうものを使わずにいかにトイレを楽しい場所にできるか模索中です。

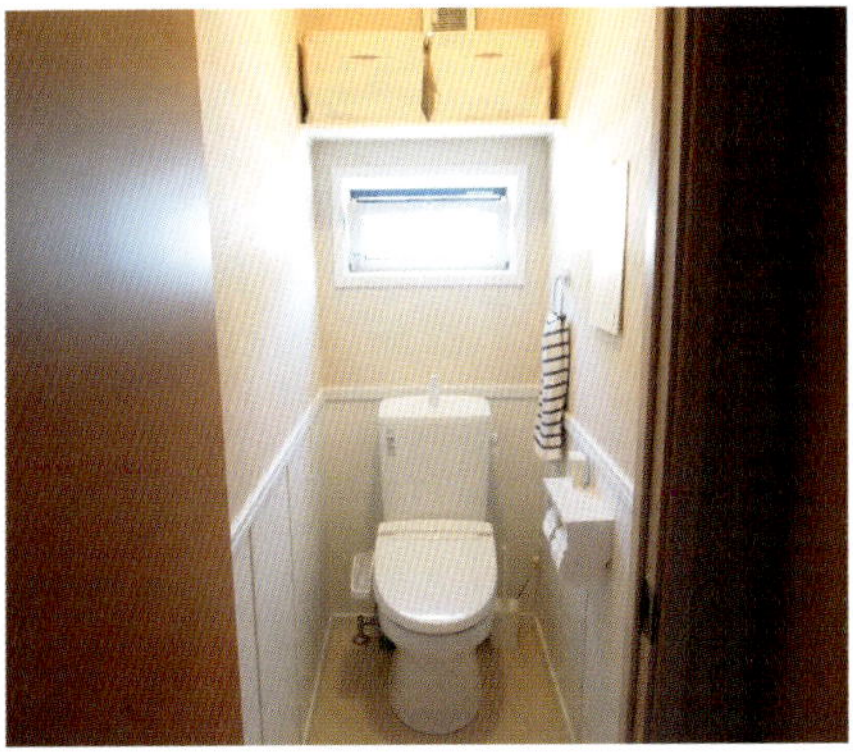

2016年 06月 04日

ベッドを大掃除

今日は朝から天気が良いので、ベッドを大掃除。シーツとベッドパットを洗っている間（掛け布団は外で日光浴中）、マットレスを粘着テープで掃除して、レイコップで3台分のマットレスを念入りに掃除！　シーツは1、2週間に一度洗いますが、レイコップは1カ月に1回くらいしか、かけていません。使用したあとはダストボックスのホコリやダニが気になるので、毎回使い古した歯ブラシで汚れを落とし、水洗いして、洗面所にある小窓のすき間に置いて乾かしています。

2016年 06月 06日

朝の習慣

わたしの朝の習慣。夜寝る前に寝室を出てすぐのところに朝、洗面所に行くついでにクイックルワイパーをセットしておき、寝ている間に床に落ちたホコリたちをサササッと掃除すること。パートを始める前は毎日かけていた掃除機でしたが、今はパートが休みの水曜日と週末と決めて、その他の平日は朝クイックルワイパーでリビングだけ軽く掃除することでOKと割り切りました。割り切ったことで気持ちがスッキリ。今日も気持ちよく仕事に向き合えそうです。今日も笑顔で頑張ります。

毎日のコンロ上掃除

毎日のコンロ上掃除。以前は大嫌いな作業でしたが、「KEYUCA」のパイルレンジクロスを使用し始めてから、大好きになりました！ こちら、水にぬらして拭き取るだけで洗剤がなくても油汚れが落ちる優れもの。時間が経っている油汚れでもグングン取れます！ このクロスのおかげで、コンロの上は毎日ピカピカ、気持ちいいです。掃除したあとはついでに壁の汚れも拭き取って、水で洗って汚れを取り、洗濯機で洗っています。もうこれはずーっとリピートしたい一枚です。

▶ *mini column* 毎日の時間割

06：30	起床、床掃除、身支度、 洗濯機を回す
06：45	夫のお弁当作り、朝ごはん準備
06：55	夫・子どもを起こす、 ベッドメイキング
07：00	みんなで朝食
07：30	後片付け、洗濯物を干す （夫と分担）
08：00	夫・わたし出勤、 子どもを保育園に送る
09：00	出勤
13：00	帰宅、部屋の窓をすべて開ける、 昼食
14：30	後片付け、夕食準備
15：30	洗濯物を取り込む、 子どもお迎え
17：30	子どもと夕食
18：30	子どもと入浴
19：30	子ども寝かしつけ
20：00	夫帰宅、夕食
21：00	後片付け、 キッチン・リビングをリセット
23：00	就寝

2016年 06月 09日

緑があると癒やされます

キッチンカウンターに新入りした、観葉植物のプミラちゃん。少しずつ成長してきました！　かわいい上に、夏場は3～5日に水を替えるだけでいいから、管理がとっても楽。キッチンに緑があるだけで癒やされます。

2016年 06月 20日

住所を決めるとすっきりする

昨日、無印良品週間で頼んでいたシーツが届きました。今まで使用していたのが冬用のパイル生地だったので、新しく夏用にリネンのシーツを。肌触りが良く、以前TVで白のシーツは睡眠を妨げると言っていましたが寝心地、抜群でした！

ベッド脇に置いてあるカゴは、パジャマ入れとして使用しています。以前はベッドやソファーなどいろんなところにパジャマを放置していた夫ですが、このカゴを置いたことでパジャマを脱いだらここにしまってくれるようになりました！

〝物にはすべて住所を決める〟。最近いろんな片付け本を読んでいますが、どの本にも共通して書いてあること。我が家にはまだまだ住所不定の物たちがあふれているので、すべてに住所を決め、スッキリしたお部屋を目指したいです。

2016年 07月 13日

クローゼット収納

我が家のクローゼット。右側が夫、左側→わたし。シワになりやすい物や、裾の長い物、夏服によくあるテロテロ素材はハンガーにかけ、下着類やTシャツ、ジーンズ、シーズンオフのシャツやニットは畳んで無印のポリプロピレンケースに収納しています。厚手のニットなどは別の場所でケースに収納。

我が家はわたしよりも夫のほうが洋服持ちで（メタルラック2段目に置いてあるパンツもすべて夫の物）、着ていない洋服がたくさん。なのに全部気に入っているから捨てられないというツワモノです。夫のスーツは隣の部屋の小さめなクローゼットを仕事用のクローゼットとして提供しています。

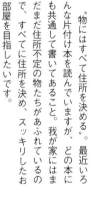

玄関

今日はゆっくり起きて掃除デー。我が家は2階に住んでいるのですが、メゾネットタイプなので玄関は1階にあります。

階段の掃除はコードレスのマキタの掃除機、玄関は「セリア」のミニほうきで。今日もスッキリ気持ちいい！

▶ mini column　今年は洗濯機の下も掃除したいです

朝の掃除、片付けのルーティン

朝一番にリビングのカーテン・窓を開け空気を入れ換えます。洗面台に行くついでにリビング〜洗面台までを床掃除。夫・子どもが起床したらベッドメイキング（上掛けをふんわりさせる）を済まし、洗い物後キッチンの水気を拭き取り、家を出る前に前日履いた靴を靴箱にしまって家を出ます。

夜の掃除、片付けのルーティン

日中取り込んだ洗濯物は、子どもが寝静まった後ゆっくりテレビを見ながら畳み、クローゼットにしまいます。キッチンは明日の朝のためにリセットし、リビングも寝る前にすべての物を定位置に戻してから就寝します。

年末大掃除について

網戸・サッシ・窓拭き、カーテン・レースを洗濯、換気扇掃除。今年チャレンジしたいのは洗濯機の下の掃除。なかなか手が回らず、転勤してそろそろ2年が経つのにまだ手をつけられていません。

2014年 08月 01日

やっとキッチンリセット

やっとキッチンリセットー！ 今日は息子がなぜか抱っこでしか寝てくれず、1時間半ほど抱っこでユラユラ……。21時前にやっと寝て、月9見ながら夜ご飯を食べていたら夫帰宅。そんなこんなでやっとリセットに至りました。

「サンサンスポンジ」を使い始めて1カ月ちょい。噂どおり、本当にへたらない！ 変色もしないし、1カ月経っても泡立ちの良さはそのまま。ボロボロにもならないので、本当に購入して良かった。以前はシンク上の戸棚にスポンジを吊るしていましたが、最近は水切りカゴが定位置となりました。食器を拭いたあと、水切りカゴ下に敷いているマイクロファイバータオルも、水切りカゴについている水滴とその周辺を拭いて新しいものと取り替えています。そうすることで明日も気持ちよく朝家事できます。

2016年 08月 19日

掃除道具のすべて

現在持っている掃除道具のすべて。「掃除機系（左からクイックルワイパー、コードレスクリーナー、ほうき&ちりとり）」1、「スプレー系（セスキスプレー、キッチン泡ハイター、パストリーゼ）」2、「ブラシ・モップ系（トイレブラシ、バスブラシ、キッチンブラシ、ほこり取り）」3、「タオル系（メラミンスポンジ、ウエス、レンジクロス）」4。

スプレー系は、普段の掃除（トイレ、バス、キッチン）はすべてこの3つで間に合っています。場所も取らずストレスフリー。掃除をする場所の近いところに置いておき、〝ついで〟に掃除をします。

同じ用途で使えるものは使うし、別々に使いたいものはひとつずつ持っても良いというのがゆるいマイルールです。というわけで、お掃除グッズは合計13個（メラミンスポンジは1個と計算）の所有でした。

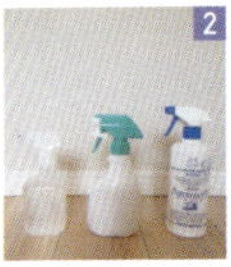

2016年 08月 20日

買い出しデーには冷蔵庫掃除

今日は週に一度の買い出しデー。買い出しデーの日は、ほぼ空っぽになった冷蔵庫をセスキスプレーとウエスで軽く掃除するようにしています。毎日は面倒なので、買い出しのときだけと決めています。冷蔵庫の中身チェックをするついでに空いたところだけササッと拭くだけなので、掃除が苦手な私でも続けられています。

セスキスプレーを購入してから掃除がグンと楽になり、掃除をすることがおっくうではなくなりました！ いろいろな場面で使えるし、本当に優れものだと思います。次は粉末を買って手作りに挑戦してみたいな。

2016年 08月 24日

普段できていない場所の掃除をする日

水曜日はわたしのパートがお休みの日。普段できていない場所の掃除をする日です。

洗い物・洗濯が終わったら、部屋全体に掃除機をかけながら、洗面台掃除→トイレ掃除→玄関の掃除を終わらせます。ポイントは、洗面台・トイレ・玄関に掃除機をかけに行くついでに、その部分の拭き掃除もすること。掃除道具はよく使う場所に置いているので、ついでにサッと出して掃除できるのです。がっつり掃除は水曜日にやる！と決めているので、他の曜日は毎日のついで掃除でOK。そうすることで他の曜日は掃除のことを気にせず穏やかな気分で過ごせます。

現在の掃除のルーティンは、ついで掃除と床掃除（リビングと洗面台）は毎日。掃除機は週に2回（水曜日と土日のどちらか）。洗面台とトイレと玄関は水曜日、その他気になるところも水曜日。お風呂掃除は土日のどちらか（こちらは夫が担当）。ルーティン化して、考えることなく掃除ができるようになれたら最高ですね。

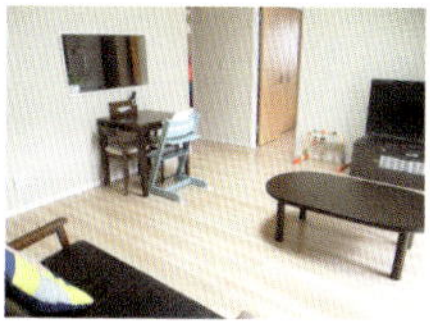

2016年 08月 27日

お風呂から上がるときの習慣

わたしが毎日お風呂から上がるときの習慣。排水口の髪の毛を取るついでに、排水口と蓋にセスキスプレーをかけてブラシで軽く掃除すること。これだけでヌメリがつきにくい！　本当は排水口の蓋は取ってしまいたいのですが、蓋を取ると息子が髪の毛やゴミを触ってしまうので、もう少し大きくなるまでは蓋をして、蓋の掃除も頑張りたいです。

そして最近、セリアで購入したこのブラシ。100円なので毎日ガシガシ惜しげもなく使えるのでありがたい。持ち手もブラシもシンプルな白で気に入りました。掃除道具は合計14個の所有となりました。

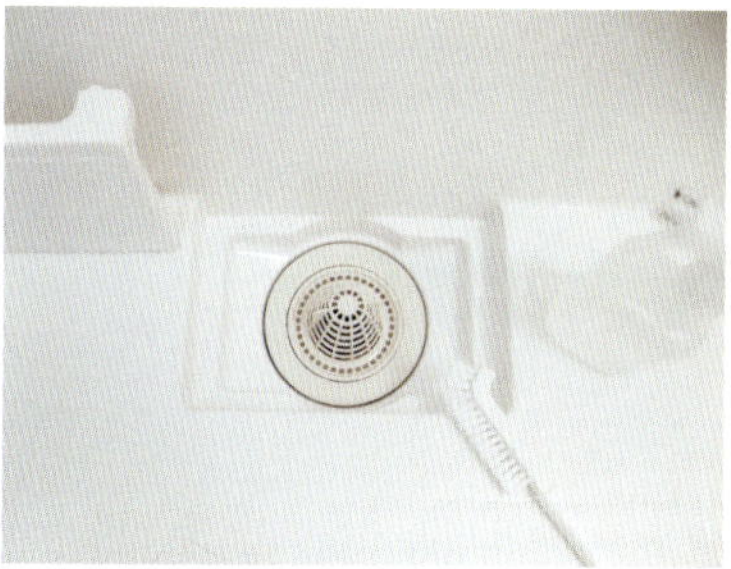

2016年 08月 29日

排水口のゴミ受けを見直し

排水口のゴミ受けを見直しました。元々アパートに設置されていた網目がたくさんあるゴミ受けをやめて、セリアで購入したシンプルなゴミ受けに変更しました。穴が少なく掃除しやすい！

また、今までは1日の終わり（夜）にまとめてゴミ受けにたまったゴミを捨てていたのを、食器洗いをするたびに捨てるよう変更。この機会に水切りネットの使用をやめ、排水口カバーも取りました！　一気に掃除が楽になったし、水切りネットの使用がなくなり節約にもつながりました。こうやってどんどん掃除が楽になると、掃除することが楽しくなります。

kao.さん 09

kao.

シンプルなインテリアで居心地のよい暮らし。

本当に大事なものを大切に。小学生の娘と幼稚園生の息子がいます。2度の引っ越しを経験し、マイホームに住んで1年半になりました。今までナチュラルインテリアや北欧インテリアの本をたくさん読んできましたが、今はシンプルなインテリアが心地良く感じます。今の自分と家族に必要なものを大切に。家の中を身軽にして、みがき、過ごしやすい空間を作っていければいいなと思います。

家族構成
夫、自分、娘8歳、息子3歳

住まい
一軒家　築1年半

▶ 掃除・片付けについて

自分の家を持ち、汚れをためないことが楽にきれいを保つポイントになると知ってからは、本やネットを参考にしながら、自分に合ったお掃除の仕方を模索中です。
以前は拭き掃除が苦手でしたが、今は拭き掃除は、家を大事になでていることのように思えます。家族を守ってくれてありがとうという気持ちでやっています。

Instagram
@kao_kurashi

▶ 2015年 07月 13日

トイレのお掃除

トイレ掃除。掃除用品は手洗いの扉内に。トイレットペーパーのストックや替えの手拭きタオル、衛生用品は、写真右手の少しへこんだところにある収納に。ここの収納はハウスメーカーさんのオリジナルなのですが、18ロールのペーパーが全部入るのでペーパーのストック置き場所に困ることもなくすごくいいです。

マットは敷かない派ですが、床が汚れるのでスリッパは常に置いてます。なにか良い対策はないかな。

2015年 07月 28日

トイレ掃除の道具

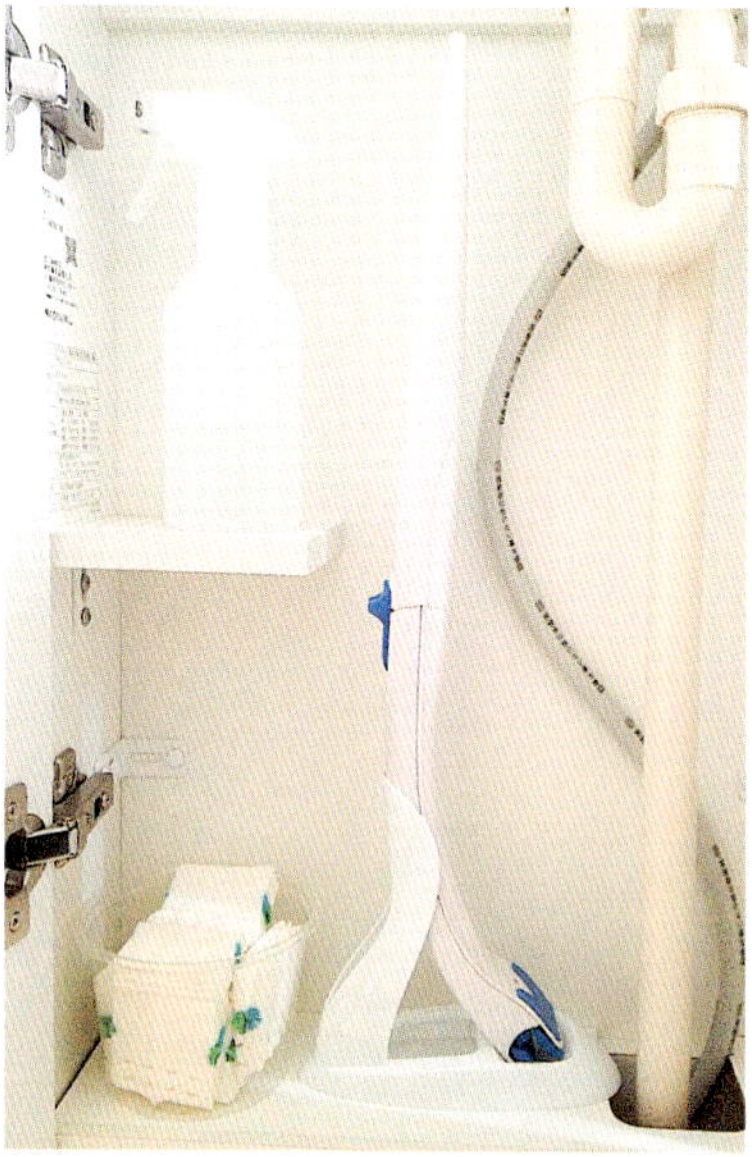

トイレの手洗い下の収納に、掃除用品を入れています。拭き掃除は無印のボトルに入れたアルカリ電解水（水ピカ）とトイレットペーパーで。流せるトイレブラシの替えブラシは、ミニトマトが入っていたプラカップに。プラカップは汚れたら捨てて交換できる気軽さが良くて。トイレブラシ本体も、使用後は水ピカでさっと拭いてしまいます。アルカリ電解水には希釈するときに好きなアロマを混ぜているのでお掃除のときに良い香りでうれしくなります。

2015年 10月 07日

お片付け完了

最近、夕食の片付け後に排水口部分にアルコールスプレーをシュッとしてます。継ぎ目があってそこに汚れがたまりやすかったのですが、前より汚れなくなった気がする！

水回りのヌメヌメが嫌いなのに、ズボラで毎日しっかり磨いているわけじゃないんです。これで汚れが出にくくなるといいな。

2016年 04月 16日

洗面台下の収納

アパートにいたときから、洗面台下で使っているメッシュカゴの3段引き出しにはコンタクト、歯ブラシ、カミソリ等のストックなどの細々したもの。無印良品の「ファイルボックス・ワイド」には、漂白剤やおしゃれ着洗剤、洗剤ストック等を。写真左の引き出しには上段にヘアアイロンとカールドライヤー、下段にドライヤーを入れています。

今日は開き戸部分にフックを付けました。3段引き出し内に娘のヘアゴム入れを作っていたのですが、あっちこっち置きっぱなしでなくなったりしたので、よく使うものをここに掛けておくことにしました。

2016年 04月 20日

洗面台は毎日寝る前に拭く

毎日寝る前に、洗面台のその日使った手拭きタオルで、鏡と洗面台等をさっと拭いています。

洗面台はリクシルの幅75㎝のものです。これに合わせて、横にカウンターを造り付けていただきました。高さや奥行きなどは設計士さんにお任せし、浴室とランドリールームに挟まれた場所でもあるのでカウンターの板は水に強いものを選んでくださいました。見た目や使い勝手も良いです。

タオル掛けは元々キッチンに付随していたものなんですが、キッチンはバー取手にタオルを掛けているのでこちらへ持ってきました。我が家はキッチン・トイレもリクシルです。

折りたたみの椅子は娘が小さいときから使っているもので、今は息子が使っています。

アルカリ電解水にアロマオイルをブレンド

トイレ掃除ではラベンダーのアロマオイルをブレンドしたアルカリ電解水「水ピカ」を無印良品のボトルに入れて使っています。気になったときに床やトイレ本体にスプレーしてトイレットペーパーで拭き取るだけ。ペーパーホルダーのシルバーの部分は手の跡が付きやすいのですが、ペーパーに水ピカを吹き付けて、軽く拭けばすぐピカピカに。水栓も同じ要領で水垢もピカピカに。拭いたあとはほのかにラベンダーのいい香りがします。水ピカはキッチン回りや窓など家掃除のいろんなところで活躍しています。

▶ *mini column* 毎日の時間割

06：15	起床。窓を開けて換気。 朝食準備。お弁当作り
08：00	洗濯物干し
09：00	幼稚園送り
09：30	玄関掃き掃除（余裕があれば 拭き掃除も）。掃除機がけ
13：30	幼稚園お迎え 外遊び、買い物、習い事等
18：00	夕食準備
19：00	夕食
20：00	キッチン片付け、子どもとお風呂
21：00	洗濯機予約、子ども寝かしつけ、 読書などして就寝

普段の掃除はほぼダイソン。洗面室や洗濯室は床が白っぽいため髪の毛やゴミが目立つので、気になったとき、子どもたちの食べこぼしが床に目立つときなどに。階段掃除もラクラク♪

2016年 05月 06日

玄関を拭き掃除

三和土を拭き掃除。風水では、玄関の三和土を毎日拭くと運気が上がると言われているそうなので、掃き掃除のあと雑巾で拭いてみました。とてもスッキリ!

地窓の鯉のぼりジェルジェム(ウィンドーデコレーショングッズ)。子どもたちがよく遊んでちぎれてボロボロ。子どもの日も終わったし、別のものを買ってこよう。

2016年 05月 06日

お外の道具たち

ランドリールームの掃き出し窓の外はコンクリのテラスになってます。洗濯物の外干しはここに。外ゴミ箱は「ダルトン」。

外に出なくても掃き出し窓を開ければポイと捨てられる場所に置いています。ここは道路から見えない場所なので立水栓はごくごく標準のもの。夏はここでプール遊びをさせたいなと思ってます。

換気すると気持ちいい

朝から家中の窓を開けて換気。24時間換気はついているけど、やっぱり窓からの空気は気持ちいいな！　洗濯機を回してるとき、横の洗面台もついでにピカピカに拭き掃除。

掃除したくないなーって日も換気だけちゃんとするといいそうです。特に朝は空気が浄化されているそうで、毎朝の換気を習慣にしてみようかな。

mini column　体や気持ちが疲れているときは無理しません

朝の掃除、片付けのルーティン

カーテンと窓を開け、きれいな朝の空気を家に入れます。キッチンの水栓をアルコールと乾いた台ふきんで磨きます。

夜の掃除、片付けのルーティン

キッチンは拭き上げたら排水口カゴを取り、つなぎ目の汚れた部分をティッシュで拭ってアルコールを吹き付けて完了。洗面台のその日使った手拭きタオルで、鏡と洗面台等をさっと拭いてそのまま洗濯機へ。

体や気持ちが疲れているときや余裕のないときに、やらなきゃ！と自分を追いつめないで、やりたくないときはやらない、やりたくなったら動くということにしています。

年末大掃除について

一軒家の大掃除は今年で2度目。師走はやることも多く、年末年始は実家で過ごすので、気候の良い秋の頃から分割していろんなところの掃除を進めていきたいです。年末はいつもの掃除を丁寧にやる程度にして、家をスッキリさせた状態で出かけたいと思っています。

2016年 07月 02日

作って良かった小さな洗濯室

狭いスペースですが、作って良かったランドリールーム。

家族の下着を入れている四段引き出しの上に、無印良品の「ステンレスワイヤーバスケット」を置きました。洗濯のときは、まず洗濯機の前で、洗濯物を仕分けてネットに入れて洗う。終わったら洗濯機の上にワイヤーカゴを置き、そこに全部の洗濯物を出してから干す。一回一回屈まなくていいので楽。

乾いたら引き出しに下着類をしまい、子どもの服はたたんでカゴに→カゴごと和室に運んで押し入れのケースにしまう。私と夫の服はハンガーに干して→畳まずそのままクローゼットへかけるだけ。

ワイヤーカゴを置いたことで、洗濯仕事がスムーズになりました。

2016年 07月 26日

台拭きにキッチンペーパー

ここ数日、スコッティの洗ってもやぶけないキッチンペーパーを2シート分重ねて台拭きとして使っています。乾きやすいし、手洗いもラク。キッチンの取っ手にかけたらすぐ乾きます。

2、3日してくたびれてきたなと感じたら、換気扇回りやサッシや床拭きなどのお掃除に使ってからポイ。

なんだかすごーく楽に使えている気がします。ふきんの煮洗いや漂白は負担に感じてしまう私にとって、何度か使って掃除して捨てるのが自分に合っている気がします。

自分にとって、負担にならない楽な暮らしの「好い加減」を探り中です。

2016年 08月 11日

朝にやること

朝はカラカラに乾いたスコッティのキッチンペーパーで、水栓や水切りカゴを拭きます。乾いたペーパーで拭きたいので、夜ではなく朝拭くのが私に合っているみたい。アルコールをシュッとして拭くとピカピカに。

それからお花の水換えを。暑い時期でも長持ちしてくれるとうれしい。

ちなみに毎朝はやっていないです。できるときだけやりたいときだけ。私は家の掃除はストレスなく楽にしたいので。ゆるやかに、自分にとって楽な方法できれいを保てればいいのかなと思います。

水切りカゴは「ラバーゼ」の小を使っています。私の一生モノ。

2016年 08月 15日

家族で使うものはここ

一番使う頻度の高い収納。たいていのものはここにあります。薬や工具裁縫箱など、子どもに勝手に触って欲しくないものは上の段に。文房具やぬりえお絵かき用の紙などは下の段に。

一番下の段のトレーは娘のものの一時置きにしてあります。

収納用品は無印良品、ニトリ、セリア、ホームセンターのものなどいろいろです。学校や幼稚園のおたより関連もここに。

ayumiさん 10

ayumi

来客があると掃除スイッチがオンになります。

愛知県在住、30歳、会社員。ワーキングマザーです。「人が集まりやすい家」を目指しています。休日は友人とバーベキューをしたり、我が家に集まってママ会したりとみんなが遊びに来てくれることが楽しみです。また、来客時はお掃除スイッチがONになるので、片付けるきっかけになっています。

家族構成

夫、自分、息子3歳

住まい

注文住宅、築2年、4LDK

▶ 掃除・片付けについて

息子は3歳。上手くできないけど何でも自分でやりたい月齢です。食べる時は必ずと言っていいほどこぼします。「汚されたくないから」と、こぼすことを注意するのではなく、ダイニングテーブルで飲食することを徹底し、自分で自由に食べさせています。たくさん汚してもこの場所の掃除だけすれば良いので「まあいいか」と思います。

遊ぶ時も同じです。和室にキッズスペースをつくり、毎日散らかしていますがこのスペース内で遊んでくれるので片付けも簡単に終わります。少しずつ出来ることが増えてきたので、そろそろ自分で出したものは自分で片付けができるようになったらいいなと思います。

Instagram
@aym_home

▶ 2015年 12月 05日

ゴミ箱を隠す

生活感の出てしまうゴミ箱は見えないようにしたくて、キッチン横に扉付きのスペースを作りました。家事やってる時のみ扉を開けるようにしていますが、来客時もゴミ箱は使います。

なので棚全体も整理整頓できるよう心がけています。

上から、1、2段目は書類を分類して収納。3段目は右扉が家族玄関なので外出時に使うものを置いてます。4段目は市のゴミ袋やエコバッグなどを収納。

ダンボールの箱は無印で購入しました。頻繁に出し入れするので白のプラスチックの収納BOXに変えたいなと思っています。

2015年 12月 15日

おもちゃは死角に

子どものおもちゃは、見やすい、出しやすい、片付けやすいを優先し、子どもが自分で自由にできるように隠さずに置きました。

インテリアはシンプルにまとめたかったので間取りの死角を使いました。

ココなら「玄関からLDKに入る時」「階段から降りてくる時」「LDKにいる時」にカラフルなおもちゃたちが見えにくいんです。

最近では、この壁を利用して息子が描いてくれた絵などを貼ったりしています。

一緒に遊ぶ時はいつも絵が見えて息子もニコニコです。

2015年 12月 18日

和室をキッズスペースに

四畳半しかない和室ですがキッズスペースとして使っています。

自由に遊ぶスペースを作ることで子どもは遊ぶ場所と認識し、ココで遊んでくれるのでリビングはさほど散らかりません。

おもちゃを全部出して散らかすこともありますが、おもちゃの棚も一カ所にまとめているので片付けもすぐに終わります。

2016年 01月 08日

キッズスペース収納

キッズスペースの下は収納になっています。

オムツ、着替え、ハンドタオル、保育園用品など子どもの衣類を入れてます。

おもちゃもそうですが、その場所に入りきらないものは、捨てるか、売るか、2階の子ども部屋収納に移動します。

結局使うものはいつも決まっています。

最近オムツが取れたのでオムツのスペースにブランケットを入れてみたところ昼寝の時にサッと出せるようになりました。

狭い収納ですが整理すれば意外と入ります。

2016年 01月 29日

油ハネ防止の網をつけて

夫と息子は唐揚げが大好物なんです。

アイランドキッチンなので一番内側のIHを使うことと、有元葉子さんのラバーゼ 鉄の揚げ鍋セットで油ハネを最小限にするよう心がけています。

写真は油ハネ防止の網を付けた状態です。

2度揚げも簡単にできる網も別に付いてるのでサクサクになり、失敗なし。

揚げ物はいろいろと面倒ですが、揚げたてはやっぱりおいしいです。

リセット完了

1日3杯飲むほどコーヒーが好きです。

デロンギ「マグニフィカ ESAM1000SJ」はパーツごとに丸洗いできて衛生的にも良いので愛用しています。

私のリセットの目安は土日どちらか1日と平日1日。

仕事してると特に片付けるのに時間がかかるから、友達を招待する日を無理やり決めて、やらなきゃいけない状況にしないと進まないのです。

mini column　毎日の時間割

05：30	起床、自分の身支度
06：00	息子起床、洗濯、食事
06：45	出発
07：30	保育園送り
08：00	出勤
17：00	退社
17：45	帰宅、食事の支度（実家から少しおかずを分けてもらうので短時間で作れます）
18：30	食事
19：00	お風呂
19：30	洗濯物、掃除機、翌日の準備
20：00	子どもと遊ぶ
21：00	就寝（上手く寝かしつけができれば、水回りと書類の整理をします）

真っ白な人工大理石のキッチンなので月に一度お掃除しています。シンクにオキシクリーンを大さじ1杯ほど入れ、50度のお湯を勢いよく出します。換気扇などもあらかじめ入れておきます。あとはスポンジと激落ちくんで磨きます。気持ちがいいくらい真っ白になります。

2016年 06月 05日

花のある暮らし

庭で咲いたアジサイを生けてみました。

別に庭の花じゃなくても、おしゃれな花屋じゃなくても、スーパーの食料品と一緒に300円くらいで買ったお花でもいいんです。

実際はバタバタしていますが、生花を飾ると少し余裕があるように思えます。この空間がすごく好きです。

2016年 06月 05日

リビング続きのウッドデッキは大活躍

梅雨入りしました。昨日のBBQの汚れ、流れてほしいです。ウッドデッキは3・3m×2・6m、軒は3・5m×2mのため、どうしても雨に濡れて傷んでしまいます。先日、自分たちで塗り替えをしてみました。

一年経つと色は剥げ、木材のトゲが出てきてしまいます。

プールやBBQ、夏場のウッドデッキは大活躍！

1万円以内で簡単に塗り替えできたので毎年必ずやりたいと思います。

キッチン収納

我が家の食器やコップ、カトラリーはカップボードの引き出しに入れています。食洗機と水切りから手を伸ばせばすぐ片付けができます。
食器の上段引き出しはコップ類、カトラリーの下段引き出しは子ども用食器を入れています。

mini column 夜、洗濯機を回し、朝一番に干します

朝の片付けのルーティン

夜のうちに洗濯機を回し、朝一番に干します。食器の片付けを済ませ、朝食の準備です。朝はほとんど掃除しませんが食器はなるべく洗ってから出勤するようにしています。休日の朝、少し早起きして床拭きやトイレ掃除をします。

夜の片付けのルーティン

帰宅後すぐ食事の支度。食べ終わったら少し片付けをしてお風呂に入ります。その後、息子がひとり遊びしている間に洗濯物と掃除機をかけ、翌日の準備までしたらやっと息子と遊ぶ時間です。ついつい子どもと寝落ちしてしまうのでたいした掃除や片付けはできません。上手く寝かしつけが出来た日に水回りや書類の整理をしますが、なかなか起きれないです。お風呂掃除と洗濯機を回す係は最後に汚れた服を入れる夫にお願いしています。平日はバタバタと過ぎていきます。

年末大掃除について

11月末頃から少しずつ収納を見直し、断捨離を行うようにしています。来客の時に、「中掃除」を心がけているので大掃除というほど大がかりなことは行いません。年末は休みたいです。

2016年 07月 17日

リビング収納

ここには文房具や常備薬、工具、子どもひとりで遊ばせたくないおもちゃなど、リビングでよく使うものが入っています。

普段は扉が閉まってるのでごちゃごちゃしていてもさほど気になりませんが整理整頓は心がけています。

2016年 08月 01日

床は2週間に1度水拭き

床は2週間に1度水拭き。3カ月に1度フローリングの洗剤を使ってます。フローリングは手入れ不要と言われたけどなんとなく夏場はベタつくし素足でいたいので水拭きしてます。昨日は久々にフローリングの洗剤でふきふき。防虫効果もあるのでこの時期は毎月やりたいぐらいです。

2016年 08月 21日

お掃除スイッチオン

今日は久々の来客です。

お掃除スイッチオン！　朝から床拭きまで完了。

お誕生日にもらった新しいおもちゃのおかげで静かに遊んでくれるので床拭きまでしっかりできました。

クレヨンやのり、細かなパズルなどは汚れや紛失防止のためキッズスペースには置かずリビング収納に入れてあります。

遊びたいときに教えてくれるので一緒にダイニングテーブルで絵を描いたり工作したりします。

2016年 09月 01日

翌日の服は前夜に揃える

翌日の服は寝る前に必ず準備します。

夫のカッターとパンツは掛け、私の服は洗濯機の上に、子どもの服は自分で着替えができるように和室に準備してあります。

朝は洗濯、朝食、化粧とバタバタなので、少しだけ余裕ができます。

体力が勝負のフルタイムワーママ。

次の日が仕事の時は23時には必ず寝ます。

子どもと21時に寝てしまうことも少なくありません。

とりあえず毎日全力です。

11
kiyokoさん

kiyoko

お部屋がスッキリしていれば疲れた日も気持ちがいいのです。

大分県在住です。フルタイムで働く毎日。お部屋がスッキリしていれば、疲れた日も気持ちが良いものです。40歳を目前にして、毎日の家事を楽しく丁寧に行うようになってきました。

家族構成

夫、息子小学5年生、猫、犬

住まい

戸建て、築1年半、3LDK＋書斎

▶掃除・片付けについて

私の母と姉はとてもきれい好きで、きれいに掃除されている環境、よく模様替えされる環境で育ちました。だけど私はどちらかと言えば掃除・片付けが嫌いで汚す人でした（笑）。結婚して生活環境を整える側になって初めて気付きました「実家は整っていて住みやすかった」と。少しずつ意識して掃除をするように。汚れを見つけたらその都度、ササッときれいにするようにしています。「ま、いっか」の日もありますが……（笑）。整える習慣がつくと、自然と体が動く気がします。

Instagram
@ykt2002217

▶ 2015年 10月 03日

息子のお部屋。

我が家の手強いお部屋……息子のお部屋。息子が学校に行っている隙に掃除！　普段は掃除したら怒られる……。まず、ブロックコーナー。ブロック多すぎ！　息子一っ、パパーっ！　下の段、横のチェストにもザクザク。ホコリを払って整理整理。あと、遊びやすいように模様替え。ちょっとは見られるようになった。さすがに、断捨離は息子と一緒にするか……。息子が帰ってくるまで制限時間あと40分。息子のクローゼット、衣替えもやってしまおう。

2015年 10月 06日

収納グッズを買いに行きたい気持ちを抑えて

無印良品のセール時期ですね。収納グッズを買いに行きたい気持ちを抑えて……。まずは片付けてみました。収納グッズを新たに買わなくても、よかった。断捨離もしたから、きれいに収まりましたよ。洗面台に出していたものは、引き出しに入れてスッキリ。

見せる収納など苦手な私は、メーカー純正の洗面台のほうが収納がたくさんあって良かったのかも？　でも、主人が選んで気に入ってる洗面台なのでキレイに使っていきたいな。

2015年 10月 22日

アロマオイルで拭き掃除

朝の掃除完了。休みの日は念入りに。床の拭き掃除もしたから気持ちがいい。バケツの水に、アロマオイルを数滴垂らして、ぞうきんをよく絞って拭き掃除をします。お部屋にもほのかに良い香りが漂います。今日はバレーボールサークルの日。寝違えて、首が痛いけど行きたいな……。

2015年 11月 02日

早く寝ようよ

夜、仕事から帰ると、夕飯は21時頃。食べなきゃいいのに毎回食べてしまう、しかも満腹になるまで（笑）。

台所を片付けたら、お風呂はゆっくり入ります。バスタブに蓋をして、本を読むのが好きです。そのあとはお風呂掃除、麦茶沸かして、洗濯干し……。ようやく眠くなります。猫の「きゃつ」は、台所の片付けらへんから「早く寝ようよ」の催促で付いてまわります（笑）麦茶を沸かす私の横で、眠たいきゃつ。そろそろ寝ようね。

2015年 11月 18日

私的、生活改善

私的、生活改善。早寝早起き、夜寝る前にスマホはしない。いくらかスッキリと目覚めることができてます。早起きすると、トイレ掃除と洗面台磨きがゆとりを持ってできます。続けてお化粧、身支度をするから出勤前のバタバタがなくなりました。その後、お弁当・朝ごはん作りにキッチンの片付けと続きます。たまに、ゾンビのようにボーッとしている朝もありますが……。お休みの日も早起きできるよう頑張ります。

2015年 11月 19日

玄関収納を掃除

玄関収納を掃除。収納の見直しもしました。息子は塾で、主人はジョギング。これは絶好のチャンスではないですか！ 掃除、片付けがはかどります。でもまだ夕飯の支度はしていません……（笑）。

2016年 02月 24日

朝から何もしたくなくて

今日は朝から何もしたくなくて、ワイドショーなどボーッと見てました。昼過ぎに、シンクに入った朝の食器を見ても何にも感じない今日。完全に気分がオフのようです。1日、ゆっくり過ごせてよかった。もったいなかった感はない。でも、今日しようと思ってたキッチン背面の模様替えだけはしました。物を片付けたらなんだかスッキリ。やる気も戻ってきました♪

ホットプレート置き場を変えてみた

ホットプレート置き場を変更。最初に入っていた箱が壊れ、紙袋に収納していました。でも紙袋だと見た目がすっきりしないので、さらに目隠しカーテンで隠してました。そのためかこの1年で、ホットプレートの登場回数は1~2回。そこで、この前、紙袋をやめてちょうどよい大きさのカゴに入れ、出しやすい場所に移動させてみました。結果、この1カ月で数回使ってます。やはり出し入れしやすいって大事ですね。

mini column 毎日の時間割

05:40	起床、洗面
06:00	朝食・お弁当作り、家族で朝食
07:00	片付け、床掃除、洗濯（洗濯物がある日）ゴミ出し、ルーティンの掃除
07:45	身支度、朝ドラを観る
08:20	出勤
16:45	帰宅
17:00	洗濯物をたたむ、夕飯準備、庭の草木に水やり
19:00頃	家族が揃ったら夕飯
19:30	片付け
20:00	お風呂
21:00	洗濯物を干す
22:00	就寝

みんなそれぞれ学校、仕事に出かけ、静かな部屋。私も今日からまた仕事。洗いたての制服を着て頑張ろう。

2016年 05月 18日

おうちしごと、終わり。

おうちしごと、終わり。掃除機、窓拭き、窓のサン掃除、食器棚の拭き上げ……。昨日今日の連休で年末並みの大掃除をしました（笑）。やりすぎて疲れました。仕上げにキッチン背面の模様替え。また、すぐに変わるのだろうけど（笑）。電話の配線がもう嫌……。お昼からはのーんびりします！

2016年 07月 01日

我が家の作業スペース

我が家の作業スペース。ダイニング後ろの作業スペースは息子が朝勉強したり、私が書きものしたり、きゃつが寝たり……、のスペースです。息子の勉強道具を片付けたら、すっきりー！　今日は半夏生。関西では、この日タコを食べる習慣があります。今から夕飯のタコ焼きを準備します。

2016年 07月 11日

日課の洗面所掃除

陸上競技をやっている息子。昨日は市の大会。記録更新できたから嬉しいね！

さて、月曜日。毎日が早い早い。本日も日課の洗面所掃除、完了。毎日してても水垢はついてます。それでも、ま、いっかくらいの気持ちでやってます（笑）。今週も頑張ろう。

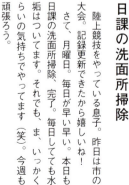

ベッド周りの物もカラリと

今日も暑かった！ 午後から息子の用事がいろいろと済んでちょっとスッキリ。

朝から洗っていた、ベッド周りの物もカラリと乾きました。酸素系漂白剤でつけ置いて洗ったから、さらにスッキリ。

寝室、日中はロールスクリーンを下げて、太陽の光をシャットアウトしています。夕方になったら開けて、涼しい風を入れる。これだけで、さほど室温が上がらず快適に眠れます。さて、今日はベッドに入るのが楽しみ楽しみ。

mini column 休みや週末の掃除もルーティン化してみたい

朝の掃除、片付けのルーティン

朝食の片付け（食洗機使用）、床の掃除機がけ、できる日はぞうきんがけも。トイレ掃除、洗面所掃除、玄関掃除、棚などのホコリ取り、ペット関係の掃除。

夜の掃除、片付けのルーティン

夕食の片付け（食洗機使用）、流しの拭き上げ、IHの拭き上げ、カウンターの掃除、家電の拭き上げ。

年末大掃除について

大掃除では、普段している掃除を念入りにします。今年は冷蔵庫と洗濯機、テレビ、ピアノを動かして掃除をしたいです。

また、そのうちお休みや週末のお掃除や片付けをルーティン化したいです。要領よく片付けて、ゆっくりとしたお休みの日を作りたいので……。

▶ 2016年 08月 03日

片付けてお出かけ

毎日、息子と、「とと姉ちゃん」を観ながら、ふたりで歌う朝です。今日は、夏休みの宿題が終わったご褒美に「ファインディング・ドリー」を観に行きます♪ 片付けも終わったので、楽しんできまーす。

整った空間だと気持ちも落ち着き、家に帰ってきたときに気持ちがいいんです。でも、家族が生活しやすい部屋作りを最優先。見た目スッキリなお部屋には憧れますが、出したままのほうが家族が使いやすそうなら、そうしています。

▶ 2016年 08月 16日

何もないほうが掃除がしやすい

やっぱり、何も置かないのがいいな……。

今日は息子の陸上の夜練。夕飯を食べて、片付けをしていると21時過ぎます。そんなときに限って、気になる汚れ。IH周りに置いていた、ポットや菜箸。暑さで、掃除も手抜きになっていたようで、IH周辺に頑固なベタつきが……。やっぱり、何も出しておかないほうが掃除がしやすいみたい。また、すぐ変わるだろうけどしばらくこれでやってみよう。油汚れの強い味方、「ウタマロクリーナー」をシュシュッとして、拭き上げたらサラサラになりました。気持ちいいっ！ 仕上げは、「ドーバー パストリーゼ77」で。

▶ 2016年 08月 17日

ニュージーランド土産のダスターで

今朝は秋の気配を感じる涼しい朝でした。でも、日中はやっぱり暑いね。

旅行中に、帰ったらやろうと思ってた照明の掃除。姉の義理のご両親からいただいた、ニュージーランド土産のダスター。私はこれを、モフモフと呼んでいる（笑）。使いやすくて、お気に入りです。

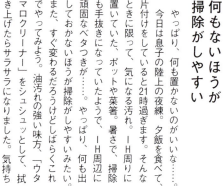

2016年 08月 21日

今日は網戸を洗う

今朝は、目覚めるなりスイッチが入りました。「今日は網戸を洗う！」汚れが気になっていた、網戸を外して洗う。ついでに窓拭き……。きれいになった網戸と窓を見たら、ちょっと涼しい気が……。大きな窓は涼しくなってからしよう。写真は現在のキッチン。飲みかけの梅ジュース。作業後の一杯はおいしい！

2016年 08月 23日

心置きなく、掃除掃除

今日はお休みだけど、今日から4日間、息子は学校の補講。私、ひとりの朝は久しぶり。心置きなく、掃除掃除（笑）。ギャッベ（イラン製のラグ）を干して、掃除機、床拭き、窓拭き…。滝汗かきながら、いぬにイタズラされながら1時間。動物がいる我が家、床掃除は必須です。床拭きは毎日できないけど、拭いたあとは素足で歩く感触が全然違うね。今日はとても気持ちがいい！　さて、今から何しよう♪

2016年 08月 29日

お風呂掃除

我が家のお風呂掃除は最後の人がするお約束。夫に私がするのと同じようにとは望めませんが、鏡と目立つところの拭き上げは共通。私はできる限り、全体的な拭き上げと排水口の掃除も。排水口は自分が入るたびに掃除してます。今日みたいに仕事から帰るのが遅い日はすごく面倒でサボりたくなるけど、もはや習慣。やらないと落ち着かない……。水回りはできるだけ、きれいな状態を維持したいので頑張ります。

千葉県在住、20代会社員。気付いたときに小まめに掃除するようにして、物を置きっぱなしにしないことを心がけています。

konchiさん 12

konchi

家族構成
夫、自分

住まい
築14年の戸建てをフルリノベーション。間取りは2LDKです。

掃除・片付けについて
以前より汚れをためないようにと考えるようになりました。基本的に物は増やしたくないので、掃除道具もあまり多くは持っていません。汚れに気付いたらクロスやティッシュで拭くということが多いです。片付けに関しては、家事室の収納をもう少し改善したいです。

リノベで家事室を作りました。

Instagram
@konchi313

2016年 02月 02日

スイッチをタオル裏に

目に見える部分についてはほぼすべて打ち合わせをして決めた我が家。コンセントやスイッチ等も細かな位置も寸法出しして、数も打ち合わせました。コンセントやスイッチや給湯リモコンはデザインの良いものを選んだけど、浴室乾燥のリモコンはなかなかいいデザインのものが選べなくて、それに配線の都合上、浴室ドアの側に取り付けないといけないことが発覚……そこで考えた結果、タオルバーの下につけてタオルで隠す作戦を思いつきました（笑）。

この写真のように真横から見るとわかるけど、基本的には見えないから満足。浴室乾燥はお風呂の後しか使わないし、不便も特に感じてません。

2016年 03月 09日

キッチン本体の背面にある収納

キッチン本体の背面にある収納。まだこれだけ空いております！　食器は結構多いほうだと思うんですが、キッチンカウンター下の収納に入れているので、そこに入らなかった分がここに入ってます。

青い壁の右側にもあと扉2枚分ありますが、そこにはリビングで使うものを入れてます。こっち向きの収納だとキッチン用品以外の収納にも使えて便利です。

2016年 07月 23日

便利な家事室

家事室の一部。この左側に洗濯コーナーがあって、この上も右側も収納棚がありますー！　収納ケースの中が乱雑……。ちゃんと分類はしてるんですけどね、よくガサガサするからこんな感じに。収納ケースは全部無印良品で、分別ゴミ箱もここにあります。棚は高さを変えられるようにして、掃除機の充電スペースも作りました。

2016年 07月 23日

家事室の洗濯コーナー

本日は家事室に部屋干し。家事室の広さは4畳くらいです。部屋干しのときは、洗濯はここで完結するので便利。いっぱい干せます。右側は常温保存の食品収納ケースがあって、トイレットペーパーとかティッシュはそのまま置いてます。

2016年 07月 25日

洗面所は実用性重視で

洗面は実用性重視で、物を飾ったりはせずスッキリと。グレー系でまとめてます。我が家の造作家具はラーチ合板が大半ですが、洗面はイメージに合わせてオーク材でお願いしました。

洗面所は髪を乾かしたりすると1日で結構髪の毛とか落ちるので、お風呂の最後の人が床と足拭きマットをお掃除用粘着テープでコロコロしてます。コロコロは洗面所専用にも置いてます。そしたら翌朝もスッキリ。

2016年 08月 01日

お気に入りのキッチン

私の好きなドシーンとしたキッチン。本当は、キッチンは造作希望だったんですけどね、予算の都合で断念。でも今じゃこっちにして良かったと思ってますー!

2016年 08月 06日

ランドリーバスケットは床置きしない

無印のランドリーバスケットに合わせて棚を設置しました。床置きしないからスッキリします。この下にバスタオルハンガーも設置してます。ロールスクリーンを閉めれば隠せます。

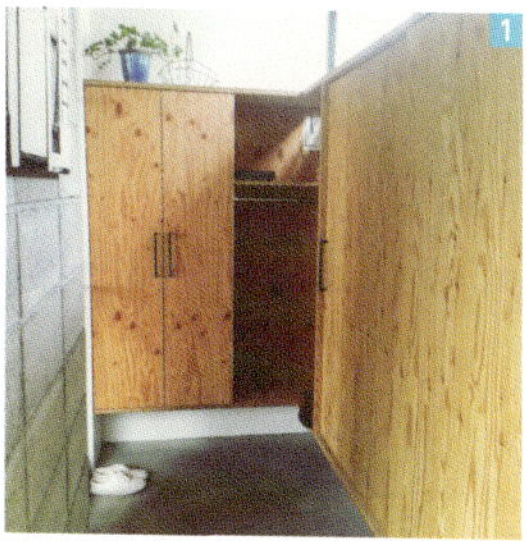

玄関収納

傘やほうきなどは、一番玄関ドアに近いところに収納してます。写ってないですが上には棚を作って、蚊取り線香や折りたたみ傘なんかを入れてます。傘立てを置きたくなかったので、収納場所を作りました。ほうきもすぐ取り出せる近い場所にあると、掃除もさっとできます。

コーナー部分に靴を収納しようとすると、デッドスペースができるので、コーナーを利用してコートハンガーを作りました。上はハンコや鍵や郵便物の一時置きです。

mini column 毎日の時間割

06：00	起床
07：30	出勤
20：30～21：00	帰宅
21：30～	晩ごはん
23：30～	お風呂
01：00	就寝

まとまった掃除は平日は時間がなくてできないので、週末にしています。

2016年 08月 11日

掃除しやすいトイレ

トイレの蓋は自動で開く必要はないと思ってなしにしたんですが、うちの場合、ふたが少し開けづらいので、つけときゃよかったと思ってます（笑）。手洗い部分等はカタラーノというイタリアメーカーのもの。トイレ掃除は流せるシートをよく使いますが、アラウーノはふち裏も拭きやすいので掃除がしやすいです。

2016年 08月 11日

お気に入りのキッチンシンク

サンワカンパニーのキッチンのデザインが気に入りこれにしました。シンクに継ぎ目や段差などがなく、少しだけ角Rがあるので掃除がしやすいです。掃除はシンク掃除用のスポンジに洗剤をつけてこする程度です。

2016年 08月 24日

お風呂掃除は最後の人がやる

今日は朝から久しぶりの晴れ。暑くなりそう。朝のお風呂。うちは毎日最後の人が鏡を拭くようにしてます。

水栓金具やガラス戸、ガラスの棚、ディスペンサーなどカルキ汚れが付きやすい部分も拭いています。後は乾燥させる目的で排水口の蓋を開けて立て掛けています。閉じたままだとヌメるのも早いので……。

寝室にはモノをあまり置かない

寝室には物があまりないのですが、無印良品率が高めです。私は不要なモノは、ばんばん捨てるタイプです。

寝室は基本的に1階とは違い、隠す収納です。無印のケースやカゴを使ってスッキリさせるようにしています。

mini column 汚れをためないようにしています

朝の掃除、片付けのルーティン

起床後、庭の水やりをしたり、洗面所で化粧したりしたあと、洗面台を簡単に掃除します。

夜の掃除、片付けのルーティン

晩ごはん後、キッチンの掃除は毎日はしていませんが、コンロを使って油が飛んだときはすぐに掃除しています。

お風呂のあとは最後の人が吸水クロスで水栓や棚、ディスペンサーを拭くようにしています。

年末大掃除について

例年決まってしていることはないです。汚れをためないようにしているので、今年は鉄骨梁の中を掃除できたらと思ってます。あとは換気扇をいつもよりちゃんと掃除して、エアコンの掃除もしたいです。

いい天気で朝から清々しい気分になれた日。

comameさん 13

comame

1カ月ごとのお掃除リストでラクにきれいになります。

片付け、掃除が苦手なので、物を減らし、物の定位置を決めました。年末の大掃除も楽になるように、1カ月のお掃除リストを作り、毎月実行しています。朝晩のお掃除をルーティン化。玄関は幸せの出入り口。朝晩お掃除しています。トイレ掃除は「ありがとう」とつぶやきながら。洗剤はストックを持たず、また〇〇専用の洗剤は持たないようにしています。

家族構成

夫、自分、うさぎ、モルモット

住まい

マンション、築12年、3LDK

▶掃除・片付けについて

毎日お掃除することで　お掃除が楽になりました。ストレスもなく、丁寧な暮らしができるようになったり、探し物をしなくなりました。散らかっても、5分くらいでサッと片付けられるのも楽です。
掃除は「楽しくする」のがポリシー。きれいになったら、「よし！」と声に出す。疲れるほど掃除をすると、脳が大変だったことだけを記憶するので、1カ所だけでもいいので丁寧にきれいにします。「いつも掃除頑張っててすごいね」という主人からの言葉が、私の原動力です。

「豆々しい暮らし　〜おうちのこと〜」
http://ameblo.jp/daitora0922/

▶ 2016年 04月 01日

和室のお掃除

今日は畳のお掃除。畳の目に沿って掃きます。次は拭き掃除。エタノールと精製水を7：3で、消毒用エタノールを作り、ぞうきんにつけて1畳分ずつ拭きます。拭き掃除も畳の目に沿って。エタノールは揮発性なのでシミになりません。そのあと、乾拭きしました。よし！

1

2

2016年 05月 12日

お掃除が楽になってきた

今日は1カ月に1回の換気扇掃除。今回は、中性洗剤を泡の出る容器に入れて、アクリルタワシでシャカシャカ。1カ月ごとだと、油汚れもほぼなくて、ベトベト感ゼロです。中もササッと拭いて、周りもササッと拭いて、水でシャーと流してマイクロファイバーで拭き上げるだけ。これだけでキレイを保ってます。

簡単に済ませることで掃除嫌いでも続いてます。

2016年 05月 19日

いろんな排水口のお掃除

昨日は夕方からのお仕事だったので、水回りのお掃除をしました。今まで使っていた食器洗いスポンジを切ってゴムできつめに縛って、「comame棒（完全にマツイ棒のまね）」ができました。

シンクの排水口に洗剤をつけてグイグイぐるぐる。洗面所も、お風呂の排水口もきれいに。そしてトイレも。使い捨て手袋してトイレ洗剤つけてグワーッと奥まで手を入れてグイグイぐるぐる。キレイになりました。

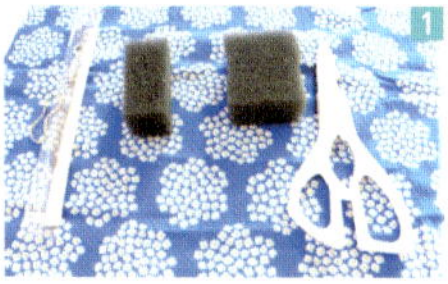

1

2

3

2016年 05月 20日

蛍光灯のカバー洗い

昨日はいい天気だったので蛍光灯のカバー洗い。ベランダでシャワー攻撃してゴシゴシ。自然乾燥している間にササッとハタキがけ。

夕方になってほぼ乾いていたので、軽く拭いてくっつけました。こうして掃除してると年末の大掃除なしでいけそう。

1

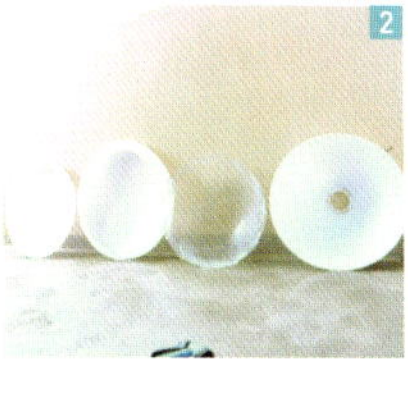

2

3

2016年 05月 21日

大掃除リスト

毎月やりたいことをリストにしました。大掃除リストです。

クリアファイルに油性ペンで書いて、ホワイトボード用のペンで、やったらチェックを入れます。

月の終わりにチェックを消してまた翌月使う。冷蔵庫の横に貼って。

まだまだお掃除が身についていなくて忘れちゃうから。

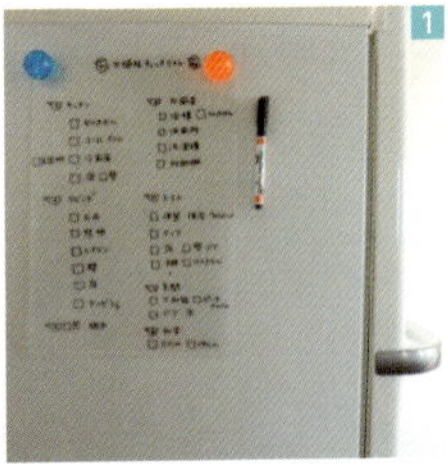

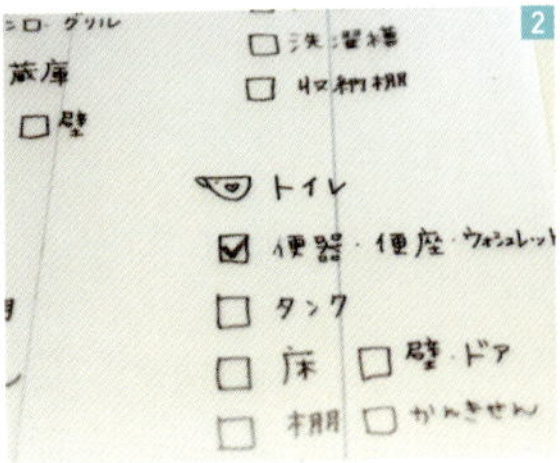

2016年 05月 24日

掃除機のお手入れ

掃除機を買って半年。しっかりお手入れしたことなかったので取り扱い説明書を引っ張り出しふむふむ。

我が家の掃除機は吸引力、バッテリーの持ち、コードレスであること、デザイン性で選びました。ダストボックスは洗えるタイプです。分解して（といってもすべて手で外せます）、漬け置き。その間に「断捨離くつ下」（笑）を手にはめてふきふき。ピンセットなどで細かいゴミを取り、洗ったパーツを完全に乾くまで放置。すっきりー！

これもお掃除リストに入れたいと思います。

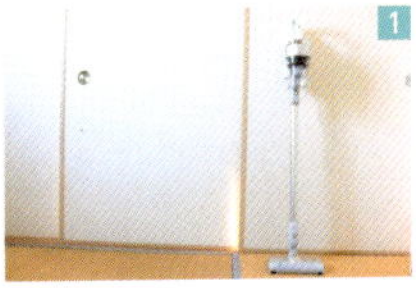

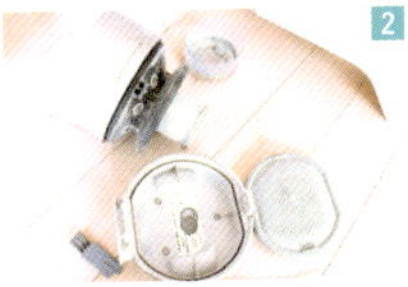

2016年 07月 23日

ドアのお掃除

今朝は徹底的にドア掃除。2カ所あります。まずは乾拭きでほこりを取ってからお水に中性洗剤を混ぜて、断捨離したタオルをここに漬けて固く絞ります。うちのドアは塩ビシート化粧板なので中性洗剤を使えます。ふきふき。ドアひとつでこの汚れ！

全部のドアを拭いたらフローリング用ワックスシートでさらにふきふき。どうしても取れなかった汚れはメラミンスポンジでそぉーっとなでるようにふきふき。きれいすっきり！　よーし！！

お掃除のおかげでよく汗をかくのですが暑さに強くなりました。

月1で窓拭き

月1の窓掃除です。シャワーをジャーッ。スクイジーでグワーッと。残った水滴はダスターでふきふき。横の窓枠や、さんも拭きます。

室内は乾拭きしてホコリを取って。セスキソーダ水と新聞紙を用意し、左手にスプレー右手に新聞紙で交互に拭いていきます。

サッシ部分は小さく切ったスポンジにセスキソーダ水をシュッシュッ。ふきふき。ふきんだけじゃ取れない汚れもこんなにきれい。カギ周りの汚れにもセスキソーダかけてゴシゴシ。よーし！

月1で窓拭きすると一回の掃除時間が短くてササッと終わります。

mini column 毎日の時間割

04:40	起床　窓開け　お花水やり
05:30	朝食作り　(主人のみ)
06:10	ウォーキング
07:15	スペイン語勉強
08:30	お掃除
12:00	昼食
16:00	夕飯支度
19:00	夕飯
21:00	掃除
21:30	就寝

朝はモップでスイスイーッと。ルーティンはラクなほうがいい。

2016年 08月 13日

押し入れ掃除

今月のお掃除の残りはグリル掃除と和室の掃除。まずは押し入れ掃除。押し入れのものを全部出して1、モップに断捨離した靴下を裏返してつけたものでふきふき2。壁も天井もふきふき。除湿剤のお水も捨てて、取り換えて。

新聞紙を丸めて、奥の隅に入れて、除湿剤代わりに。よし！　スッキリ～！3

2016年 08月 27日

お風呂の床の黒ずみ

お風呂の床の黒ずみ。うちは、もう12年経つし、床がまだら模様でも仕方ないなぁなんて、ずっと思ってました。でも、調べたら、もしかしたら取れるかもと思って掃除してみました。

1クエン酸スプレーして、2ティッシュをかけ、さらにクエン酸スプレー。ラップして、3時間放置。さらに、3クエン酸&重曹で数分置いてゴシゴシ。

4若干残ってるものの、かなりいい。きっと、1日では無理だからちょこちょこ気長にお掃除していきます。

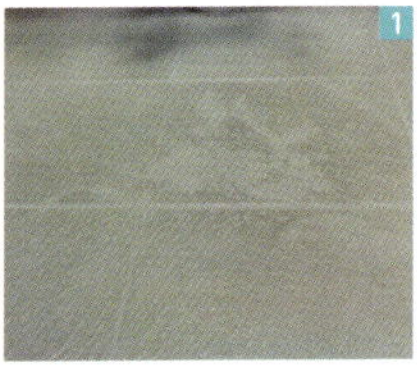

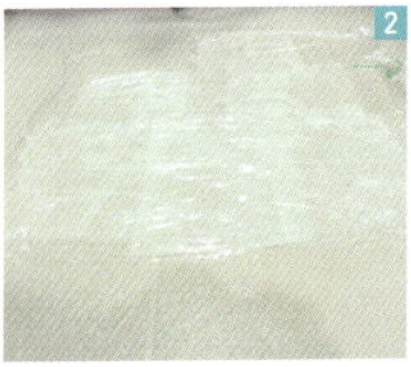

2016年 08月 31日

「めんどくさい」がいつかなくなったらいい

昨夜は主人が熱があり、先にお布団へ。私はのんびり夜活しました。

まずはシンクにクエン酸スプレーし、そのまま放置します。次に床にモップがけ。冷蔵庫をふきふき。シンクのクエン酸を水で流したら乾拭き。

次に断捨離した靴下を手にはめて、床をふきふき。

最近は、油汚れのある食器を洗う前に、セスキソーダ水をシュッシュッとしています1。食器洗剤は薄めて使ってるので油汚れのものを洗うときは洗剤を足してました。セスキソーダ水をかけておくだけで気持ちよく油汚れも取れます。

たまごのパック2は水を流しながら熱湯かけてクシュクシュッと小さくしてます3。今でもめんどくさいのは苦手だけど、いつかめんどくさいことも好きになれたらいいな。

大掃除リストを作った理由

昨日はお掃除リストのチェックを消して1、先月に忘れたグリルのお掃除をやりました2。1カ月ぶりだとかなり汚れてる。セスキソーダ水をかけてしばらく放置。汚れが浮き上がってきた。シンクの空いてるところに今度は重曹。重曹は、水に溶けにくいのでクレンザー代わりになります。スポンジにつけてゴシゴシするとピカピカ3。キレイに！ ベトベトだったガラスもキレイに！ あっ、失敗もしました。網には使ったらダメだったのか一部ハゲました。

私が大掃除リストを作ったのは、主人が年末ギリギリまで仕事なので、ひとりで大掃除をやらなきゃだから。汚れが少なかったら短時間で済むし、お掃除が習慣になってたら主人に八つ当たりもしないから（なんで大掃除、ひとりでやらなきゃいけないのよー！って）。そして何より年末はゴロゴロして過ごしたいから。5月から始めて4カ月目。家事は永遠に続くけど、これからも楽しみながらお掃除していきたいな。

1
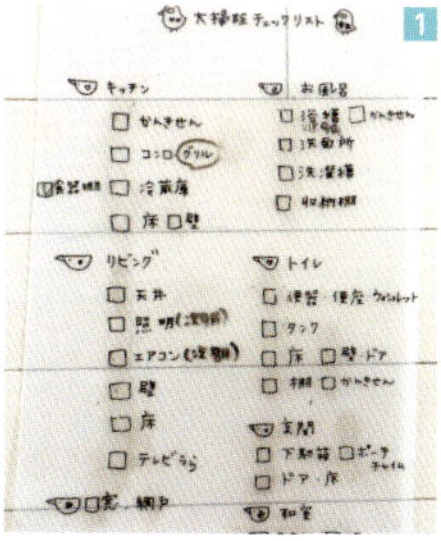

2

3

▶ *mini column* 玄関は朝と晩にお掃除しています

朝の掃除、片付けのルーティン

モップ掛け、玄関掃除（お風呂、洗面所などは、使ったついでにお掃除）。

夜の掃除、片付けのルーティン

モップ掛け、玄関たたきを拭く。トイレ掃除。

年末大掃除について

年末の大掃除を楽するために、お掃除リストを作り、いつもの掃除プラス窓拭き、換気扇掃除、床磨きなどしてます。今年はワックスシートではなく、しっかりワックスをかけてみたい。

玄関お掃除は朝と晩。朝は念入りに。晩はたたきを拭いて、家族を気持ちよく送り出します。

shokoさん 14

shoko

きれいを保つため、毎日少しずつ、掃除を心がけています。

関西在住の30歳看護師。マイホームへの引っ越しをきっかけに、シンプルだけどかわいいお家作りを始めました。お気に入りに囲まれた我が家は、一番大好きで一番落ち着く場所。家事に使える限られた時間で、簡単にスッキリ片付く仕組みづくりに取り組んでいます。

家族構成

夫、私、長女6歳、長男3歳、ハムスター2匹

住まい

2016年春に完成したマイホームです。

▶ 掃除・片付けについて

念願のマイホームへの引っ越しをきっかけに、「汚れたところをきれいにするための掃除」から「きれいなところをきれいに保つための掃除」を心がけるようになりました。汚れたところをきれいにするのは、掃除が苦手な私にとっては大変な作業。今までは汚れてから重い腰を上げて掃除していましたが、今はきれいを保つために、毎日少しずつの努力をするようになりました。

片付けてもなぜかすぐに散らかってしまうときは、収納方法に問題があるか、収納場所に対して物が多すぎるためだと思っています。そのタイミングで収納の見直しをするのがマイルールです。あとは、「使ったものは元の場所に戻す！」これに尽きます（笑）。

Instagram
@shk.home0416

▶ 2016年 06月 20日

私のリセット方法

今日もリセット完了♪

私のリセット方法は、基本的に10分～15分です。①食器を軽く水洗いして食洗機に ②油汚れがひどい日は、五徳なども食洗機に ③息子のエプロンを洗って干す ④排水口のゴミを、水を切ってポリ袋に入れてから捨てる ⑤クリームクレンザーとスポンジで、シンクを磨いて洗い流す ⑥コンロにセスキ炭酸ソーダをスプレーして、マイクロファイバーのふきんで拭き掃除 ⑦コンロを拭いたふきんで、シンクの水分を拭き取る ⑧シンクとコンロにパストリーゼをスプレーして、新しいふきんでしっかり拭き上げ。

ここまでが毎日やることです。

2016年 06月 21日

ファミリークローゼット

1階にあるファミリークローゼット。無印のポリプロピレンケースに、家族全員分の服を収納しています。パジャマなども全部ここ。左側はハンガーがかけられるように、ポールになっています。ケースはテプラでラベリングして、子どもたちはフレームを変えて区別できるようにしています。

中身が透けて見えるのが気になって、白の画用紙をカットして、両面テープで貼り付けました。若干すき間から見えていますが、このひと手間でかなりスッキリしました。

2016年 07月 02日

リビング収納の整理

テレビの音楽番組を見ながら収納の整理。パントリーにも使っている、ダイソーのこのタイプのBOXがお気に入りです。

ティッシュのストックや文房具、お風呂上がりに塗る息子のお肌の薬まで、LDKで使うものをたっぷり収納できて、本当に便利なスペースです。

反対側はノートパソコン、ネット関係の配線、プリンターなどがあって、1階にいる間はスマホの充電もここでしています。

2016年 07月 31日

ロボリーナちゃんお迎え

早速お迎えしてきました。ニトリのロボットクリーナー。我が家では「ロボリーナちゃん」と名付けました（笑）。早速、寝室のお掃除をしていただいているのですが、ほこりだらけのベッド下にも、果敢に突っ込んでいってくれるロボリーナちゃん……。何度も何度も念入りに掃除してくれて……健気な姿に心打たれます（笑）。

我が家での用途としてはベッド下をとにかくキレイにしてもらいたいので、十分役目は果たしてくれそうな気がします。

もっと壁にもゴンゴンぶつかっていくのかと思いきや、ソフトタッチで思ったよりお利口です。時々様子を見に行くと、まだベッド下で頑張ってくれていて……汚すぎてなかなか出てこれそうにない感じですが（笑）、頑張ってくれています。

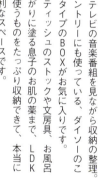

2016年 08月 01日

ロボリーナ
ビニールを吸い込む

ロボリーナちゃんですが、今日は朝9時にタイマーをセットして、LDKで使用してみました。

用事を終えて家へ帰ると「ピー！　ピー！」とロボリーナちゃんの助けを求める声が！　収納の扉が開いていたので、一番下の段に入っていたビニール袋を吸い込んで、そのまま動けなくなってしまったようです。

一番掃除して欲しかったテーブルの下には、息子が落としたパンくずが残っていました。でも序盤は順調だったみたいで、ホコリや髪の毛は結構しっかり吸い込んでくれていました。昨日も掃除機かけたのに、恐るべしロボリーナちゃん。また明日、リベンジしてみます。

2016年 08月 02日

ロボリーナ畳でサボる

本日のロボリーナちゃんは、畳スペースでサボっていました（笑）。充電はまだまだ残っていたのに……。でもゴミはどこからか吸い込んでいるし、何が起こったのでしょうか？　ちょっとドジなところもかわいいですが……。

ということで、椅子を上げて追試中です（笑）。今は見張られているからか、真面目に掃除に励んでくれています。掃除はロボリーナに任せて、子どもたちのお迎えに行ってきます。

2016年 08月 02日

ロボリーナ3度目の正直

洗濯物も干して、リセット完了。ロボリーナは3度目の正直で、しっかり任務を果たしてくれました！　ニトリ万歳！

子どもたちも「ロボリーナに吸い込まれるよ！」と言ったらあわてておもちゃを片付けるようになったし、嬉しい副産物（笑）。

さて、明日は仕事が忙しい日だからしっかり寝てくるように言われたので（笑）、今日は早めに寝かしつけてノンビリしたいと思います。

カップボードのちょこっと整理

今日の夜ご飯は、子どもたちの大好きな炊き込みご飯、焼き魚、豚汁です。魚が焼けるまで、カップボードをちょこっと整理。

今のところ使い勝手に問題がないので、引っ越し当初からあまり変わっていません。なぜか散らかっていく場所は、物の場所や、収納の方法に問題がある場所だと思うので、収納の見直しをするタイミング。コンロ横の収納は少し荒れてきたので（笑）、ぼちぼち見直したいと思います。

mini column　毎日の時間割

05:30	起床、 ニュースを見ながらノンビリ
06:00	洗濯物を畳む、 食洗機の食器を片付ける
06:30	朝食準備、子どもたち起床
07:00	子どもたちと朝食、身支度、 夫起床
07:30	私…出勤
08:00	夫…朝食、後片付け
08:30	夫…子どもたちを保育園に送り、 出勤
16:00	私…仕事終了
17:00	買い物して帰宅
17:30	子どもたちのお迎え
18:00	入浴、洗濯機を回す
18:30	夕食準備
19:00	子どもたちと夕食
19:30	洗い物、キッチン周りの片付け
20:00	歯磨き、洗濯物を干す、 リビングの片付け
20:30	絵本の時間、寝かしつけ
21:00	自分時間
00:00	就寝
01:00	夫…帰宅、食事、就寝

2016年 08月 08日

パストリーゼ詰め替え

今日は何だかバタバタの1日でしたー。今日の夕飯は、子どもたちの大好きなフライドポテトを登場させたので、床拭きまでしてリセット完了です。

毎日のリセットに欠かせないパストリーゼ、詰め替えて至るところに置いてます。すぐ消費しちゃうので、大きい詰め替えボトルにしました。

2016年 08月 15日

子どもがひとり遊びしている間に

パパとお姉ちゃんは映画に出かけて行きました。弟くんは昨日の夜、お熱が出たので私とお留守番です。

2階の子ども部屋でおとなしく遊んでくれているので、私はその間に気になっていたサッシの掃除を……。たった4カ月で、もう真っ黒ですー！ セスキでスプレーして、ティッシュで拭き取ってポイ！ すぐにきれいになるけど、普段は目を背けてしまう場所のひとつなんです。

2016年 09月 03日

リセット完了

リセット完了。1日家にいると、おもちゃが散らかる散らかる……！ 片付け甲斐がありました。

おもちゃの片付けはザックリ分類して、ポイポイ入れるだけの収納にしています。片付けるときに少しくらい他のおもちゃが混ざっても気にしません。どうせ次の日にはまた全部ごちゃ混ぜにして遊ぶので（笑）。でも1日の終わりには必ず一度は片付けるように心がけています。

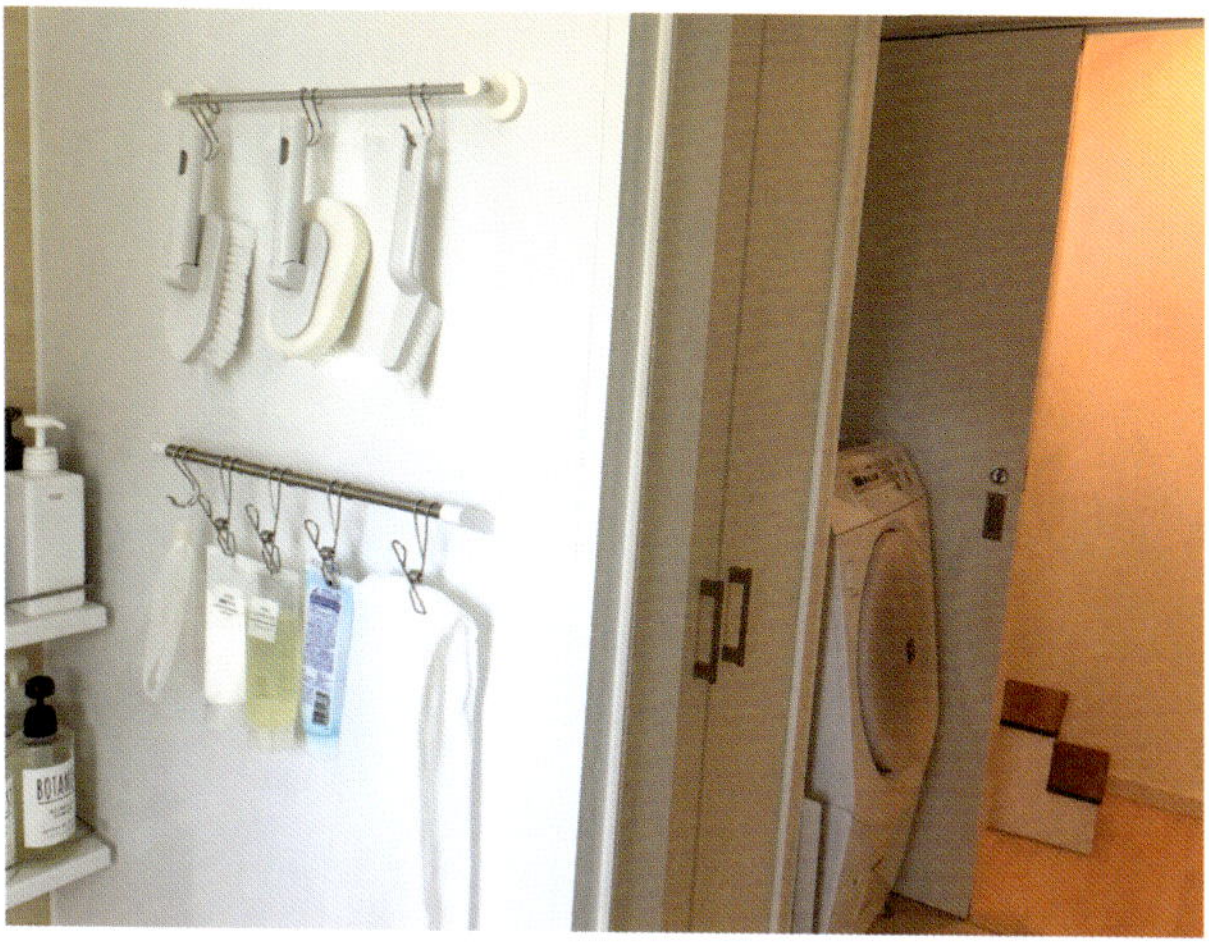

無印良品でいろいろと購入

無印良品に行ってきました。お目当てのタオルハンガーと、フック、洗顔フォームのストックなど……。物欲を抑えて必要最低限の物を購入してきました(笑)。洗顔フォームなども吊るす方式なので、付属のポールだけではギュウギュウに……これでスッキリしました。

今日は朝からお掃除スイッチが入って、いろいろ掃除もできてスッキリです！

mini column　夜にひと頑張りして、朝スッキリとスタート

朝の掃除、片付けのルーティン

朝は私のほうが先に家を出るので、朝食の後片付けは夫にお願いしています。余裕があれば歯磨きをするついでに、使用済みのタオルで蛇口などを拭き掃除したり、マキタのコードレス掃除機でささっと掃除しています。

夜の掃除、片付けのルーティン

夕食後に食器を食洗機に入れたあと、シンクをクレンザーで磨いてから、マイクロファイバーのふきんで拭き上げています。最後にパストリーゼをスプレーして、もうひと拭き。お風呂は、上がる前に身体を拭いたバスタオルで、鏡や手すりなど水垢が付きやすいところを拭き上げします。あとは子どもたちを寝かしつける前に、おもちゃや絵本などを子どもたちと一緒に元の場所に戻すようにしています。次の日をスッキリした気分でスタートできるように、夜にひと頑張りしています。

年末大掃除について

マイホームになってからは初めての年末になるので、窓ガラスや、サッシ、換気フィルターなど、普段なかなかできないところをきれいにしようと思っています。

popo.naoさん 15

popo.nao

カラフル！　でもゴチャゴチャしていない、家族全員が使いやすく、整理整頓された収納！を目標に家づくりをしています。ワーキングマザーのため毎日時間に追われバタバタ。忙しくてもきれいを保ちたい！　その結果毎日の、ながら掃除！　時短掃除！即時リセット！が身につきました。

ながら掃除、時短掃除、即リセットで忙しくてもきれいを保ちたい。

家族構成

夫、自分、娘7歳、息子5歳、愛犬1匹

住まい

築4年、一戸建て、注文住宅、6LDK

▶ 掃除・片付けについて

以前はとにかくシンプル、白と黒にまとめたくて、なんでも蓋をし、中身の見えないものに入れ、ラベルをつけて収納をしていました。しかし家族にとっては使いにくく、私自身も収納しているものの量をいちいち開けて確認しなくてはいけないので、結局使わないままになってしまったり……。結局、白と黒にするのではなく、使いやすい収納が一番だと思うように。カラフルでもきちんと整理整頓がされていればゴチャつかないし、きれいを保てると気付きました。

いらない物はすぐ捨てる。物を買うときは物を捨ててから。いらない物に囲まれていると運気が吸い取られる気がしてならないんです（笑）。家電や家具など物を買うときは、掃除のしやすさや、収納のしやすさを想像して選んでいます。

Instagram
@popo.nao

▶ 2016年 02月 27日

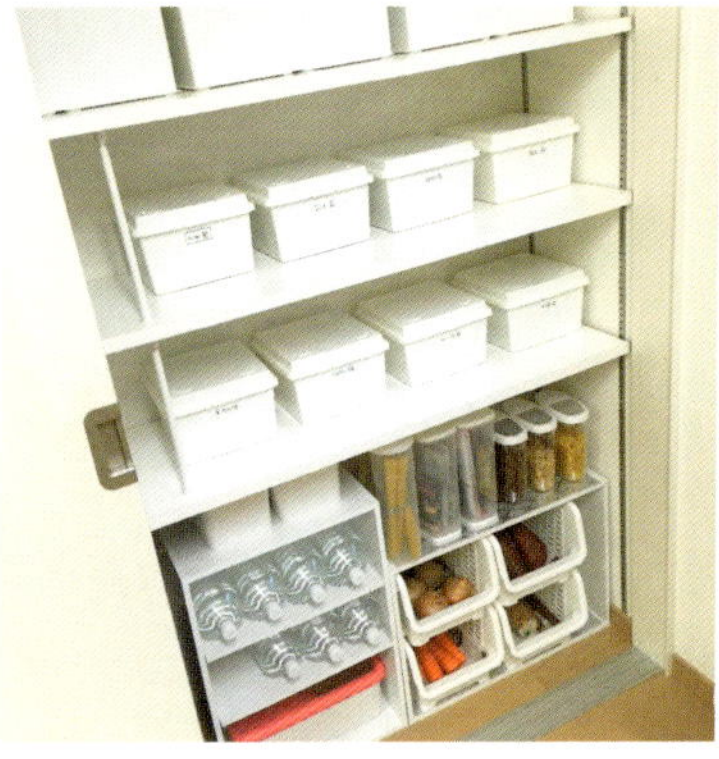

パントリー収納

ザ！生活感♥　パントリーって食品いろいろ入れるから、すぐごちゃつきますよね。こちらパントリーの中の食品コーナー。ダイソーのボックスは引き出さなくても蓋を片手で開けられるように棚の高さに余裕を持たせているので使い勝手、花マル！　使いやすいこのボックス、大好きです。

このパントリー、右側が食品庫、左側が生活用品と、左右に分けて使っています。

▶ 2016年 03月 09日

日用品ストック

日用品はパントリーの一番上のボックスに入れてます。ボックスティッシュ、トイレットペーパー。このボックスはニトリです。

トイレットペーパーはこのボックスの中が残り2、3個になったら買ってます。12ロール入りのものを買うので、合わせてちょうどこのボックスに入ります。

ボックスティッシュは残り5、6個になったら買ってます。我が家は基本、掃除でティッシュを使うし、車2台にもそれぞれ2個ずつ乗せているので消費がハンパないんです……なので早めに買い足してます。

ボックスティッシュはこの向きで2段にすると高さがぴったりですっきり。

1

2

▶ 2016年 05月 11日

ゴミ箱を洗いました

朝一、気合いでキッチンのゴミ箱を洗いました。仕上げに過炭酸ナトリウム（酸素系漂白剤）を中に入れて、アワアワにしてきたので帰宅したらきっとピッカピカ！ ピカピカを楽しみにお仕事がんばります。

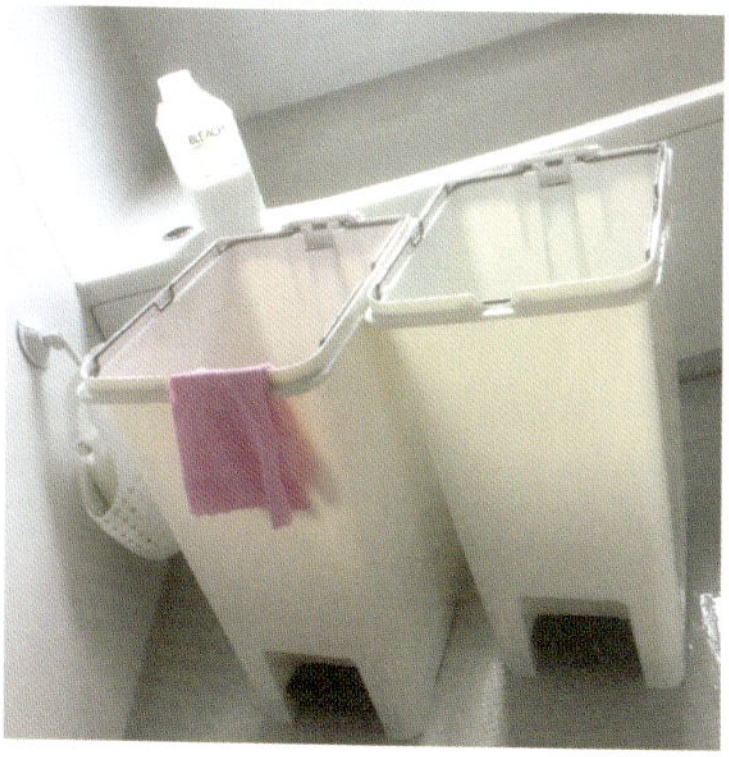

▶ 2016年 05月 19日

キッチン収納を変えました

キッチン収納を変えました！ ここには、ラップ類。いい感じにぴったり！ 全く倒れたりしなくて、なおかつサッと取り出せてストレスフリー！ グラついたり、コテって倒れたりするとストレスなんですよね。手前のアルミホイルのとこには油性ペンも引っ掛けてます。ジップロックなどにちょくちょく日付を書いたりするので。

そして我が家、スポンジのストックは多め。交換するタイミングが割と早めなので常にこれくらいストックしてます。キッチンで使う物のストック、お掃除グッズなどもここにまとめました。

▶ 2016年 05月 20日

お掃除グッズは多めです

ミニマリストを目指すとか言いながらお掃除グッズはやたら多めです（笑）。たいていのお掃除は、オキシクリーンまたは過炭酸ナトリウムでいける！と思うんですが。やっぱり、床はセスキで拭きたいし、食洗機の洗浄はクエン酸を使いたいし、キッチンの油汚れは重曹を使いたいし。なのでこういうことになっちゃってます。

お掃除に使うブラシやスポンジ類、ストック分も入れてます。ブラシなどは普段使っているものなのであまりきれいではなく……なので目につくところに置きたくなくてここに隠してます（笑）。と、いうか、見てテンションが下がるものを目につくところに置きたくない派です。

▶ 2016年 05月 21日

カトラリー、お弁当グッズ収納

お弁当グッズを洗って片付け中。お弁当グッズってかわいいから集めたくなる。けどこれ以上は持たない！　キリがなくなるから（笑）。

ケースはダイソー、セリアなどです。箸も白黒じゃなくカラフルなのに買い替えました！　セリアでパステルカラーのを見つけたのでつい。そして今まではフォーク、スプーンなど別々に分けて収納していましたがそれもやめて同じ種類のものは混ぜてひとまとめにしました。これもまた楽になって嬉しい。

▶ 2016年 06月 09日

食品収納

食品の収納も見直し中です。パントリーに入れていた食品たちをコンロ下に移動させました。今までは床から近い高さに食品を置くことになんとなく抵抗があったんですが、ここに変えてみたら……めちゃくちゃ使いやすい！

今まではとにかく白系で隠す収納がいいと思ってて、中身を見えないように収納してたけど、やっぱり食品は中も見えなきゃダメだね！　パッと見て食品のストックがわからないと、まだあるのに買ってきちゃったりするし、逆にストックがないことに気付けなかったり。白ければいいってのはもう終わり！　カラフルなのは仕方ない！　だからこそきれいにしっかり整理整頓しておこう。

床を思いっきり拭いてすっきり

やっぱりお天気がいいと家事もやる気が出る――！　床を思いっきり拭いてすっきり！　ダスキンモップも朝一からかけまくりました。

毎朝、お仕事前にやっていく場所はリビング、キッチン、1階ホール、1階洋室、洗面所、トイレです。ダスキンモップをかけて、そのあと無印良品のモップで水拭き。和室は掃除機をかけてから畳専用のお掃除シートで拭き拭き。リビングのラグにも掃除機をかけます。

と、ここまでが朝家を出る8時ちょいすぎまでにやる掃除内容です。正直かなり時間を巻きでいかないと全部できません！でもできないまま家を出ると帰宅してからが大変になるので、朝のうちに終わらせたい！

朝の元気なうちに頑張ってます（笑）。窓だったり、玄関だったりのプラスアルファーのお掃除もできることなら毎日したいけど、現実的に厳しくて。そういう場所は休日に時間を見つけてやっています。

mini column　毎日の時間割

06：00	起床、朝モップ、トイレ掃除、朝ご飯準備
06：30	朝ご飯
07：00	朝ご飯片付け、お弁当作り、お化粧
07：30	小学校お見送り、掃除機がけ、床拭き、洗濯
08：30	幼稚園へ息子を送り、そのまま仕事へ
15：00	仕事終了、夕飯の買い物
16：30	子どもたちを迎えて帰宅、夕飯支度
17：30	夕飯、夕飯片付け
18：30	洗濯物を畳んで片付け
19：00	お風呂
19：30	お風呂掃除、洗面台掃除
20：30	絵本読み聞かせ、子どもたち寝かしつけ
21：00	夫の帰宅を待つ間、リビング、キッチンのリセット、夜モップ
23：00	就寝

▶ 2016年 07月 06日

リビングおもちゃ置き場

リビングのおもちゃ置き場。その日の片付けによって2段目と3段目のボックスが逆になったりと、この棚はなかなか自由な感じです（笑）。一番上の段の4つのケース。そのうちふたつにはパパが帰宅した時に会社の携帯やら名刺ケースやらを入れる用。残りふたつは娘のヘアグッズ用。

▶ 2016年 07月 08日

クリップ収納

IKEAで買ったクリップをダイソーのケースに。余ったスペースにはお誕生日用のろうそくを入れました。

これらのケースを洗う頻度は特に決めていなくてなんとなくやろうかな！と思った時にやる程度です（笑）。多分2カ月に1回やってるかな？くらいです。汚れたものを入れているわけではないし、使っていて汚れるってこともそんなにないのでここのケース洗いに関してはテキトーです（笑）。

▶ 2016年 07月 27日

タオル収納

タオル収納のケースにカードをこんな感じで挟んでます。学校用、幼稚園用のおしぼりだったり、コップ拭きだったりでとにかくタオル系が多い！　このケースは、ダイソーのものです。

そして汚れてきたタオルはぞうきんに降格！（笑）　ぞうきんにしてその後、心置きなく捨てられるように、普段からタオル類は、基本的には高いものは使わず、お手頃なものを買っています。

「上からの世界」をきれいにする

天井の高さから見たいろいろな場所。この景色を私は、「上からの世界」と呼んでいます（笑）。

変なネーミングだけど、私の中ではもうずっと使ってて、しっくりきています。「さて上からの世界でも見ようかなー」とかひとり言を言いながら、三脚に上がったり、椅子に上がったりしています。上からの世界は気付くことがたくさんあって、楽しいです♪

例えばこの写真はすべて、脱衣所の上からの世界なんですが、まず、とにかくほこりがたまる！うちは毎日乾燥機使うから余計に。なので頻繁にお掃除していいます。お掃除したあとの上からの世界はもう気持ちよすぎてたまりません！

1

2

3
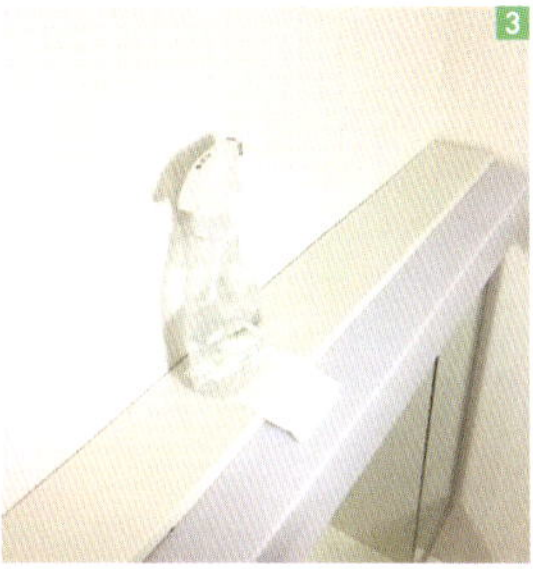

mini column 「ついで掃除」「ながら掃除」が基本です

朝の掃除、片付けのルーティン

いつも、ついで掃除をしています！　朝起きてすぐトイレへ行くので、そのとき、必ずトイレ掃除を済ませています。流れで1階のトイレ、2階のトイレどちらも済ませます。改めてトイレ掃除！という時間を作る余裕が普段はなかなかないので。あとは朝みんなが活動し出す前にダスキンのモップをザーッとリビングにかけています。

夜の掃除、片付けのルーティン

夜もついで掃除、ながら掃除です。お風呂から上がるときにお風呂掃除をしています。全体を洗って最後に冷水シャワーをお風呂全体にかけてから出ます。お風呂から上がったら洗面台の鏡が蒸気で曇るので、その蒸気を使って鏡の拭き掃除をします。その流れで洗面台全体も拭き掃除します。

年末大掃除について

年末は家中の換気口のフィルター掃除、2階の窓の網戸洗い。このふたつは普段めったにできないので、大掃除のときに頑張りたい！

shinoさん 16

shino

「掃除好きになりたい」と思うことでモチベーションを上げています。

静岡在住。夫とふたりの子どもの4人家族。30代の働く母です。毎日仕事、家事、育児に忙しいからこそ、自然とシンプルな暮らしになりました。元々インテリアや収納に興味があるけど掃除下手。「掃除好きになりたい」と思うことで、苦手意識からモチベーションアップへと変わりました。無印良品が、わが家の暮らしのベースになっています。

家族構成

夫、自分、長男13歳（中2）、次男11歳（小6）

住まい

マンション、築8年、3LDK

▶ 掃除・片付けについて

洗剤の種類が減り、「掃く、拭く、みがく、浸ける」と掃除の工程も少なくなりました。／ひとつひとつのモノ選びがシンプルにこだわるように。余計な装飾や機能がないことで、視覚的にも片付いた印象になりました。／週イチの常備菜作りで夕食準備などが手早くでき、その分掃除や一日のリセットに時間を割けるようになりました。

いつでもピカピカが理想だけど、仕事の日はハードルを下げて生活のバランスを保つことを重視。「見て見ぬふり」ではなく、念入りに掃除したい箇所や、今すぐにできないことはとにかくメモ！　休日も効率よく動けて達成度が高くなります。

Instagram
@simple_shino.life

▶ 2015年 09月 30日

タオルはこれだけ

フェイスタオル、4枚じゃ足りないかな？　キッチンタオルは別です。

そしてバスタオル。全替えしました。4人家族で6枚は多いかな。でもこれでよし！

フェイスタオルや手ぬぐいで代用もできるけど、やっぱりこのバスタオルのふわふわがいい。わが家にバスタオルは必要です。

使い古した頃にはぞうきんにできる、無印良品の「その次があるタオル」です。

上段の右側は私のパジャマ。左側のボーダーは私の仕事着だから減らせない。

1

2

2015年 11月 09日

洗面所の収納、薬収納

洗面所の収納。洗濯用&お風呂用の洗剤類はすべて白いボックスの中。体重計は旦那さんセレクトなので黒。右側は洗濯用ハンガー入れです。

そしてわが家の薬箱は、TVボードの引き出し1段分。子どもがケガをしたとき。病院にかかるとき。いざっていうときに「ある」「ない」がわかるとすぐに対処できる。

常備薬、体温計、耳かき、爪切りの他に、これから出番が増えるマスクや使い捨てカイロ。母子手帳ケースとへその緒も。

しかしポケットティッシュの多さが気になる（笑）。地道に消化していきます。

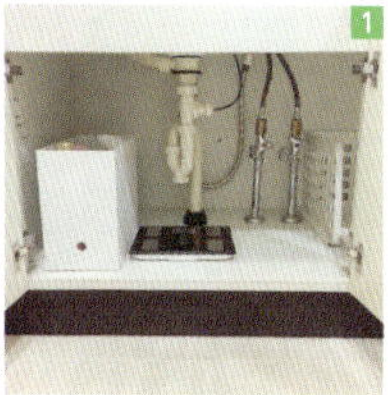

1

2

2016年 05月 02日

ラップ類は食器棚に

ラップ類は食器棚の中に入ってます。普段見えない場所にあるので、特にパッケージは詰め替えなしでそのまま。よりキレイにしたいという気持ちはあるのだけど、めんどくさがりなんです。

私以外は皆、男ばかりの家族なので、シンプルに徹しています。必然的に無印ばかりが集まります。でもそれが一番自分らしいのかなとも思います。

2016年 05月 08日

新しいアイロン

午後はのんびりアイロンがけ。単身赴任の旦那サンにアイロンを持っていかれたので、新しいアイロンをわが家で使ってます（無印のアイロン台も持っていかれました。あれ、よかったのになぁ）。

でもこれにしてから今まで好きじゃない家事のひとつだったアイロンがけが、無性に楽しくなりました！　ドイツDBK社のアイロン。重さは全く気になりません。私はコードがあったほうが好きです。

▶ 2016年 05月 09日

鏡裏収納

みんなが使うモノは鏡裏収納の真ん中に。
歯ブラシ、ドライヤー、息子コンタクト、息子ニキビ対策泡洗顔、うがい用デンタルリンス、デンタルフロス（今は在庫切らし中）、コットン、衛生用品、あぶらとり紙、メガネ、お泊まりポーチなど。どんだけ無印のポリプロピレンメイクボックスが好きなのか……っていう（笑）。

▶ 2016年 05月 28日

大量のアイロンがけをやっつけた！

どこにも行かない土曜日は、家事がはかどる。大量のアイロンがけをやっつけた！
シャツ大好き。毎日シャツを着たい。もう夏だからか、写真に撮ると、ブルー系が好きなことが判明（笑）。シャツとボーダーがあれば一年じゅう過ごせるんじゃないかと思ってる。断捨離したら、私のワードローブは無印の服9割。その他1割。今のところ何の問題もない。

▶ 2016年 06月 20日

大好きなキッチン

ここが一番好き。カウンターの上はおしゃれなグリーンかと思いきや、豆苗栽培（笑）。しかも水はってるのもお肉のトレー（笑）。
冷蔵庫の上のカゴにはおやつが入ってます。子どもが小さい頃、手が届かない場所に置きたくて……その名残りです（笑）。
大好きな場所だからシンプルに。

ダイニング模様替え

ダイニングの位置を少し変えて模様替え。窓際に寄せたら好きな感じになりました。前よりお掃除もしやすくなったのでしばらくこのままで。

今年は掃除熱が半端ない感じ。家じゅう断捨離をしてスッキリしたので、これからは今あるものを「使い切る」ことが目標。

使い切ったときにもう一度それが必要だったか、考える機会に。

モノを手にとったとき「何のためにこれをとっておきたいのか、どういう状態で保管したいのか」自問するようにしています。そうすると意外と捨てられます。

mini column　毎日の時間割

04：00	起床、洗濯、簡単な掃除
05：00	お弁当、朝食作り
06：00	子ども起床、朝食
07：00	身支度、片付け、SNS投稿
08：00	出勤
18：00	帰宅、夕食準備
19：00	習い事送迎、夕食
20：00	片付け、翌日準備
21：00	入浴
22：00	就寝

玄関から入ってきたときの、このミニマル感が好き。

2016年 07月 19日

ロールスクリーンを設置しました

ロールスクリーン設置完了！　くるくると巻いたときにもシンプルで見た目もスッキリ！　外して洗えるので、キッチンでも使える。無印良品のものです。

カップボード食器棚は地元の「ＭＫマエダ家具」というところのです。買った当時、何かのドラマで使われてて、いいな〜と思いました。中身が見えそうで見えなくて、ごちゃごちゃ入れてもなんとなくスッキリ感があるのがお気に入りです♪

2016年 07月 21日

隠れた収納

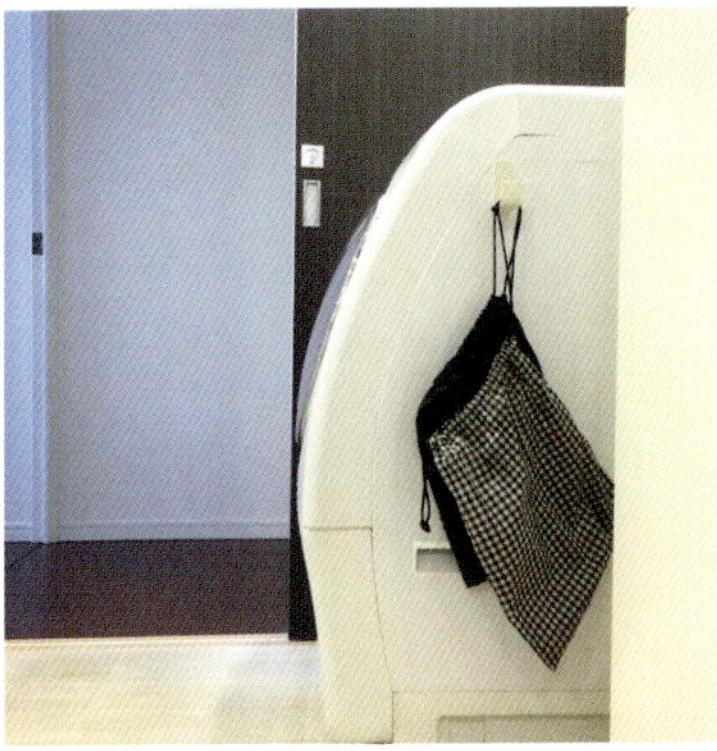

洗濯機にフックを付けて、子どもの体操着袋を掛けています。廊下側からは見えないので今の季節はプールバッグなども掛けます。

無印良品って同じ商品がずっとずっとあるイメージだけど、廃盤になったり新しく仕様が変わってるモノもたくさんある。

この「スチール面に付けられる」シリーズのフック、好きだったのになぁ……。復活して欲しい商品のひとつです。そういえばこの体操着袋も無印だ（笑）。

2016年 08月 10日

使いやすいキッチンペーパー

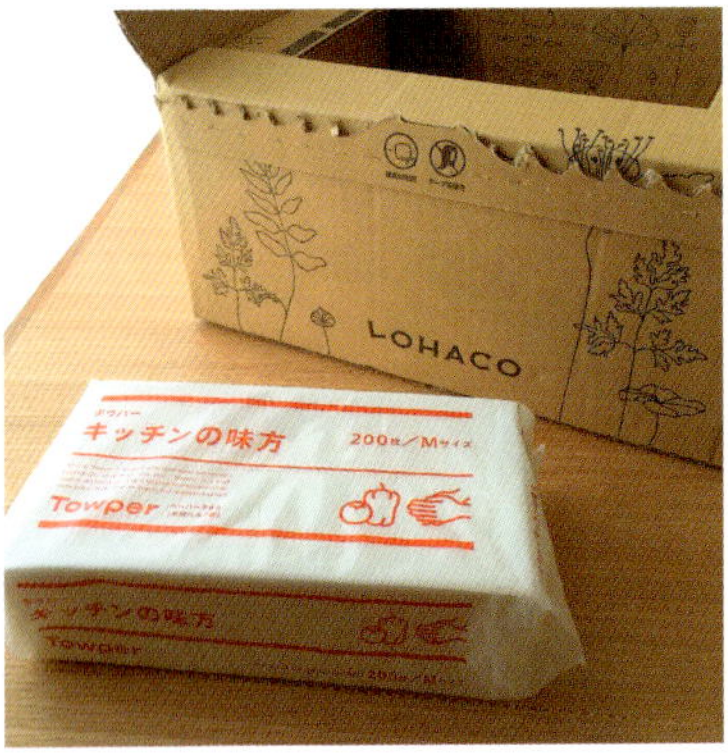

今までティッシュペーパーやキッチンペーパーは、セブンプレミアムのものを使っていました。パッケージが白いから（笑）。今回「ＬＯＨＡＣＯ」で買ってみました。わが家は、キッチンペーパーは引き出しに収納しているので、ロールタイプでなくこれが使いやすいです。４ロール分がこのひとつというコンパクトさにもびっくり！　洗面所にもひとつ置いて、コンタクトをつけるときや掃除に毎日活躍してます。奥行きのない鏡裏収納にぴったり収まるのもポイント。ＬＯＨＡＣＯはお米や調味料、ペーパー類に利用しています。即日配送や良心的なお値段。働く主婦の心強いミカタです♪

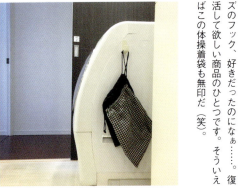

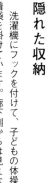

洗剤ボトルを詰め替えました

洗濯用洗剤のボトルを変えました。これまでラベルすら剥がさず、何とも思ってなかったけれどやっぱり白はテンションあがる（笑）。

『入浴剤とお風呂のソムリエshop』というお店で購入した「ire-mono（イレモノ）」のもの。洗剤っていろんな成分が入ってるから、それに耐えうることを考えると少々値段が張るのも納得かな。中身は液体洗濯洗剤と柔軟剤とおしゃれ着洗剤を詰め替えてます。

収納場所は引き出しに。ワンアクションで取り出せるようになって楽ちんです。視覚的にスッキリしたのと同時に、容器が揃うと収納もスッキリします。「ウタマロ石けん」は無印良品の救急用品ケースがピッタリ。

1

2

▶ mini column　年末は家電をピカピカにみがきたいです

朝の掃除、片付けのルーティン

ベッドをきれいに整える。洗濯物をたたむ（アイロンがけのものは分けておく→休日にまとめて）。前日の食洗機の中のモノを戻す。お弁当作りなどの片付け。マキタ&フローリンクモップで掃除（洗面所とトイレは念入りに）。ゴミをまとめる。出勤時、玄関から見たときに何もないこと→リセット完了。

夜の掃除、片付けのルーティン

玄関の靴を消臭してしまう。服やバッグを定位置に（時計やアクセサリーも）。子どもたちの靴下などぬけがら（笑）をなくすことで床に何もない状態にリセット。学校のおたよりや郵便物をチェック（不要なものは即捨て）。キッチンカウンターを何もない状態にする。

年末大掃除について

家電をピカピカにみがく。壁を念入りに。今年は大掃除しない宣言!!（しなくてもいい状態に）PCとiPhoneのデータ整理をしようと思っています。

RIEさん 17

RIE

忙しい毎日だから無理をせず、ラクにみんなが心地よく過ごせる空間に。

パートで働きながら、小学生の女の子と、幼稚園に通う男の子のお母さんをしています。昔から、掃除、片付けは大の苦手！マイホーム新築を機に、苦手な掃除、片付けを楽に済ませられる仕組みづくりに奮闘中。忙しい毎日でも、無理をせず家族みんなが心地よく過ごせる空間に。

家族構成

夫、自分、長女9歳、長男5歳

住まい

一戸建て（2016年6月築）

▶ 掃除・片付けについて

家をつくるときに、なるべく掃除、片付けをしやすい家！をテーマにしました。物はなるべく置かないようにシンプルに。掃除に関しては、毎日掃除機掛けだけはしますが、念入り掃除は1日に1カ所。何曜日にコレをする！と決めてしまうとストレスになってしまうと思うので、天気や気分で決めます。できなかったら週末に。適度にゆるくルールを決めています。

Instagram
@houseku2016

▶ 2016年 06月 30日

ダイニングにラグを敷きました

ダイニングにラグは敷かない予定だったんだけど、床に椅子の足の跡がけっこう付くことに気付き、手持ちのラグを敷いてみました。子どもたちの食べこぼし対策にもなるし、いいかなー。

無垢テーブルもオイル塗装を選んだので、ランチョンマットとコースターが必須です。今は少ししか持っていないから買い足さなきゃ。シミや傷もできるだろうけど、自分でメンテナンスも楽しみながら大事に使っていきたいです。

2016年 07月 20日

キッチンの飾り棚

キッチンはこんな感じで落ち着きました。マイホームを建てたらこんな感じにするのが夢でやっと叶いました。掃除もしやすいしこれくらいにして、またちょこちょこ変えていこう。

壁のタイルは、全部「平田タイル」を使っています。時計は吸盤付きのフックで引っ掛けて。グリーンはアイビーとオカメヅタってやつです。ケトルはふたつともお気に入り。乾くまで出しっぱなしになっちゃうことが多いから、すぐ定位置に戻せて便利です。

2016年 07月 21日

我が家の玄関土間

玄関は、タイルではなくモルタル仕上げにしました。安く上がったし、少々掃除をサボっても目立ちにくいので気に入ってます（笑）。

ホームセンターでコーヒーの木を見つけて、一目惚れ。玄関はあまり日が当たらないから大丈夫かなぁ。たまに日光浴させてみます。

2016年 08月 02日

片付いてきたパントリー

なんとか片付いてきたパントリー収納。ニトリのボックスとダイソーのかごがピッタリはまった。左側は書類、日用品ストック、紙袋、掃除用品、工具、ゴミ箱など。右側はたまに使う調理道具、食料品ストック、ホットプレート、下の子の幼稚園用バッグ、保冷バッグなど。

一番右下に置いてある袋はお米。義父が趣味でお米を作ってるので、5キロくらいずつ精米して米袋のままここにどさっと。おしゃれな米びつも気になるけど、うつすのも面倒だからこのままでいいかな！

2016年 08月 02日

ゴミ箱にこだわる

わたしの住んでる地域は、かなり分別に厳しいんです。それなのに収集は月に1回(可燃ゴミは週2回)。なのでゴミ箱にはこだわりました。

左から資源ごみ用ふたつ(収集用)。生ゴミ用。資源ごみ用(スーパー用)。洗って乾かすものはしっかり乾くまで待てないから「イーラボスマートペール」の穴があいてるものにしました。そして近くのスーパーにリサイクル用のゴミ箱があるのでそこに捨てられる缶、ペットボトル、食品トレーは持って行きます。それが右の小さいゴミ箱です。

2016年 08月 03日

キッチンのゴミ箱はこれ

こちらはキッチンの背面棚にあるゴミ箱スペース。生ゴミはパントリーの専用ゴミ箱に入れるので、こちらはそれ以外の可燃物用。ニオイは気にしなくていいので見た目で選びました。ステンレスの「シンプルヒューマン」のゴミ箱もよかったんだけどサイズが合わず、こちらにしました。「アンブラ」というメーカーのものです。

我が家、リビングとか各部屋にゴミ箱を置いていないので全部ここに入れます。それぞれの部屋を回って集めるのが面倒だから。子どもたちが大きくなったら子ども部屋にはいるかな。そのときは各自持ってこさせよう(笑)。スイング式なので子どもたちにも使いやすく気に入ってます。

2016年 08月 03日

パントリーの片付け

やる気があるうちにパントリーの反対側もやっつけました。なんと、スペースがけっこう余った。なので一部クローゼット化しております。

子どもたちの作品、薬箱、仕事に持っていくバッグ、化粧品、小学校、幼稚園のプリント、ゆるーく勉強してる資格のテキスト、掃除機、服、たまに読む料理本、雑誌。服は、仕事に来ていく制服と、平日仕事から帰ってきたあとに着る部屋着を持ってきました。平日はクローゼットにさえ行かない作戦(笑)。思いがけずスペースが余ってラッキー。マキタの掃除機の居場所が定まらず、気持ちフックに掛けてるけど倒れそう。穴をあけて固定フックをつけるしかないかなー。

2016年 08月 04日

子どもたちのクローゼット

ここは子ども部屋の前にある、子どもたち専用のクローゼットから物干し場までの廊下。

奥が娘用、手前が息子用。基本ハンガーにかけたりフックで吊るしたりして、パンツやスカートは下の無印の収納ボックスに。

娘はもう自分で洋服を選んで支度するので、洋服をとったらハンガーを勝手口の前にかけてもらい、洗濯したものを干したら、またそのままここにかける。建築家の先生のアイデアだけど動線がとっても使いやすいです。

娘のお友達が遊びに来たら、洋服屋さんみたーいとファッションショーが始まります。ポールは可動式です。

上のほうが余ってて、微妙な高さのため使えずもったいない気もしますが、大きくなったら2段に使えるしこれで十分なはず。上の棚板には、たまーにしか使わないおもちゃ、冬物衣類、昔の作品ボックスを置いてます。

mini column 毎日の時間割

04:30	起床、資格の勉強
06:00	朝食・お弁当作り開始
06:45	子どもたち起床
07:00	朝食
07:30〜08:40	長女、夫、長男　出発
08:40	食器洗い、片付け
09:00	洗濯干し
09:15	掃除
09:40	パートへ
15:30	帰宅　長女の宿題を見つつ、洗濯物片付け
16:00	長男帰宅 夕食作り、掃除
18:00	入浴
19:00	夕食
19:30	片付け
20:00	家族でゆっくり過ごす
21:30	子どもたちと一緒に就寝

床は無垢材で、柔らかくて気持ちいいです。年に1回はオイルを塗る予定です。

▶ 2016年 08月 10日

夜リセット完了！

キッチンはやっぱり何も置かないほうが掃除もしやすくてスッキリ！　飲み会の後には乾燥中の空き缶がズラッと並びますが（笑）。

キッチンにはクリアマットを敷いていません。統一感重視でここも無垢の床材なので、水や油は大敵。汚れたらすぐ拭けて、洗濯いらずなので便利です。毎晩拭いてるんですが、けっこう汚れてるのでビックリします。

▶ 2016年 08月 16日

洗面台の引き出し

まだまだ試行錯誤中の収納。洗面台の引き出しは何とか使いやすく収まったので記念に……（笑）。

左から娘のヘアゴムたち、コンタクト（ワンデー）、衛生用品、ヘアブラシ、持病の薬、コットン。奥には化粧品などのストック、カチューシャ。娘のおしゃれ用品が大部分を占めてる……。これからはひとつ買ったらひとつ捨ててもらおう。

▶ 2016年 08月 25日

乾いていないものをボックスに

洗ったあとの水筒やお弁当箱の保管、悩みませんか？　我が家では、下の子のお弁当箱とお箸類、水筒。わたしの弁当箱と水筒ふたつ（麦茶用、コーヒー用）。さらに夏休み中の、上の子の弁当箱に水筒。食洗機で洗えないものがけっこうたくさん！　今は夕方、先に洗って乾燥だけかけてるけど、イマイチすっきり乾いてる気がしないから棚にしまいたくないし、キッチンに置きっぱなしも嫌。なのでこのボックスに、蓋は外したままで全部まとめて入れてパントリーの棚へ。

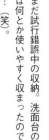

脱衣所に部屋着を置いています

棚は可動棚になっています。下から除湿機、体重計、子どもたちのパジャマ、下着、タオル、洗剤、お風呂の念入り掃除グッズ、夫とわたしの部屋着、まだ洗わないけどクローゼットにしまいたくないジーンズ。一番上には掃除グッズや、たまに使う美容用品とか。

子どもたちのパジャマをしまっているケースは、前の家で使っていたチェストの引き出しがぴったりでしっくり来たからそのまま使ってます。娘がお年頃になるまでには何か見つけないとな。

夫婦の下着は洗面台の引き出しにあるので、ここは部屋着だけ、畳んで置いておくだけのショップ形式にしました。見やすいし取りやすいし、いいかな。部屋着は普段着から降格させたTシャツを着てるんだけど、「その格好でコンビニに行って知り合いに会っても大丈夫」なものだけ残して、思い切って捨てました！

▶ *mini column* 掃除機だけは毎朝かけます

朝の掃除、片付けのルーティン

掃除機だけは毎朝かけます。それ以外は毎日ひとつできることをしています。トイレ拭き掃除（週に2～3回）、シーツの洗濯、玄関掃除など。できなかったら週末にまわします。

夜の掃除、片付けのルーティン

お風呂上がりに、毎日ワイパーとタオルで水気だけは取ります。キッチンは片付けが終わったら、冷蔵庫の扉、コンロ周りの壁、システムキッチンの扉、床の順番に、厚めのキッチンペーパーで拭き掃除。念入り掃除は週末に。

年末大掃除について

外壁の掃除、窓やサッシ回りの念入り掃除。キッチンのレンジフードは例年、大掃除だけしていましたが、新築を機に、月に一度オキシクリーンでつけ置き掃除しています。

1カ月に1度のレンジフード掃除。汚れを落とすのがけっこう病みつきに。

■お問い合わせ
本書に関するご質問や正誤表については
下記のWebサイトをご参照ください。

正誤表
http://www.shoeisha.co.jp/book/errata/
刊行物Q&A
http://www.shoeisha.co.jp/book/qa/

インターネットをご利用でない場合は、FAXまたは
郵便にて、下記までお問い合わせください。

〒160-0006 東京都新宿区舟町5
FAX番号 03-5362-3818
宛先
（株）翔泳社 愛読者サービスセンター
電話でのご質問はお受けしておりません。

※本書に記載された情報は、各著者のInstagram、ブログ掲載時点のものです。情報、URL等は予告なく変更される場合があります。
※本書の出版にあたっては正確な記述につとめましたが、著者や出版社などのいずれも、本書の内容に対してなんらかの保証をするものではありません。
※本書掲載の商品はすべて各著者の私物です。現在入手できないものや、各メーカーの推奨する使用方法ではない場合があります。同様の方法をお試しになる場合は、各メーカーによる注意事項をお確かめの上、自己の責任において行ってください。
※本書に記載されている会社名、製品名はそれぞれ各社の商標および登録商標です。

装丁デザイン	米倉 英弘（細山田デザイン事務所）
DTP制作	杉江 耕平
編集	本田 麻湖

みんなの掃除・片づけ日記

2016年11月1日　初版第1刷発行
2016年12月5日　初版第2刷発行

編者	SE編集部
発行人	佐々木 幹夫
発行所	株式会社 翔泳社（http://www.shoeisha.co.jp）
印刷・製本	日経印刷株式会社

ISBN978-4-7981-4814-4　Printed in Japan.